新时代图书馆智能创新服务与用户体验

张峰 著

云南美术出版社

图书在版编目（CIP）数据

新时代图书馆智能创新服务与用户体验 / 张峰著 .
昆明 : 云南美术出版社 , 2024.7. -- ISBN 978-7-5489-
5804-8

Ⅰ . G25

中国国家版本馆 CIP 数据核字第 20246YH690 号

责任编辑： 吴　洋
责任校对： 台　文　刘　佳　丁思琪
装帧设计： 朝夕文化

新时代图书馆智能创新服务与用户体验
张　峰　著

出　　版：云南美术出版社
地　　址：昆明市环城西路 609 号
印　　刷：固安兰星球彩色印刷有限公司
开　　本：710mm×1000mm　1/16
印　　张：12.375
字　　数：200 千
版　　次：2025 年 1 月第 1 版
印　　次：2025 年 1 月第 1 次印刷
书　　号：ISBN 978-7-5489-5804-8
定　　价：76.00 元

前　言

随着社会科技的迅猛发展，图书馆作为知识的宝库和学术交流的中心，正面临着前所未有的挑战，但同时也迎来了新的机遇。本书旨在探讨新时代图书馆如何借助智能技术，不断创新服务模式，提升用户体验，使图书馆成为信息社会中不可或缺的重要组成部分。通过深入研究和案例分析，本书将为图书馆管理者、信息科学专业人士以及广大读者提供有益的参考和启示。期望这本书能够加深图书馆管理者、研究人员及广大读者对智能服务和用户体验的理解，助力图书馆更好地应对新时代的挑战，不断提升服务水平，为社会提供更优质的知识服务。

目 录

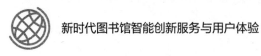

第一章　智能化服务的背景与意义

▌第一节　科技与图书馆的融合

随着科技的飞速发展，图书馆的面貌和功能正经历着前所未有的变革。信息技术的进步，大数据、人工智能、云计算等新技术的应用，正在改变图书馆的运行模式和服务模式。科技与图书馆的融合，为人们提供了一个全新的视角，帮助人们重新审视图书馆的价值和潜力。

在传统的图书馆中，书籍是主要的资源。如今，随着科技的进步，图书馆的资源已经不再局限于纸质书籍，而是拓展到了数字资源、电子书籍、网络资源等多个领域。同时，图书馆的功能也发生了巨大的变化，除了传统的借阅服务，还具备了数字化服务、在线教育、信息咨询等多项功能。科技与图书馆的融合使得图书馆不再是一个静态的场所，而是一个动态的、交互式的空间。读者可以通过网络平台、移动应用等多种渠道获取信息，这使得图书馆的服务更加便捷、高效。此外，人工智能等新技术的应用，使图书馆能够更好地满足读者的个性化需求，提供更加精准的服务。科技与图书馆的融合还为人们提供了一个全新的视角，帮助人们审视图书馆的价值和潜力。在数字化时代，图书馆不再只是一个提供信息的场所，而是一种促进知识创新、推动社会进步的重要力量。通过应用新技术和创新服务模式，图书馆能够更好地发挥其价值和潜力，为读者提供更加优质、便捷的服务，为社会发展作出更大的贡献。

过去，图书馆主要以实体书籍和期刊为主，但随着互联网的普及和电子资源的丰富，图书馆的资源结构正在发生转变。现在，图书馆的资源已经不再局限于实体书籍，还是包括大量的数字资源，如电子书籍、电子期刊、数据库等。读者可以随时随地访问图书馆的资源，不再受时间和地点的限制。科技的进步也推动了图书馆自助服务的普及。现在，读者可以通过自助终端查询图书信息、预约借阅、续借等，甚至可以通过移动设备进行自助操作，极大提高了服务的便捷性。智能化管理系统在图书馆中的应用，也变得越来越广泛。例如，可以通过物联网技术，实时监控图书的状态和位置，为读者提供更加精准的服务；通过大数据和人工智能技术，可以对读者的阅读行为进行分析，为读者提供更加个性化的推荐和服务。

科技为图书馆带来了更多新的机遇，比如在拓展服务范围方面，科技的发展使得图书馆的服务范围扩大。通过网络和移动设备，图书馆可以将服务延伸到线上和线下，为读者提供24小时的服务。此外，通过与其他机构合作，图书馆还可以提供更加多元化的服务，如科技创新、知识产权服务等。在提高服务质量方面，科技的运用可以提高图书馆的服务质量。例如，可以通过智能化管理系统，实现对图书的精准管理，提高图书的利用率和读者的满意度；可以通过大数据分析，为读者提供更加个性化的服务，提升读者的阅读体验。在提升运营效率方面，科技还可以提高图书馆的运营效率。例如，可以通过应用自动化和智能化设备，减少人力成本，提高工作效率；可以通过大数据分析，对图书馆的资源进行优化配置，提高资源利用效率。

科技与图书馆融合具有一定的挑战性。首先，科技的发展，对图书管理员提出了更高的要求。为了适应这一变革，需要对图书管理员进行技术培训，提高图书管理员的信息技术素养和专业技能。这可以通过定期举办培训班、组织经验交流会等方式实现。其次，科技的运用带来了信息安全问题。为了保障信息安全，需要加强对信息系统的安全防护和管理，建立健全信息安全管理制度和体系。同时需要增强读者的信息安全意识，加强信息安全教育。最后，尽管科技的进步为图书馆带来了很多机遇，但最终目的还是服务于读者。因此，需要关注读者的需求和反馈，不断优化服务方式，丰富服务内容，提高读者的满意度和忠诚度。

科技与图书馆的融合为图书馆带来了前所未有的变革和发展机遇。在新的时代背景下，图书馆需要紧跟科技发展的步伐，不断探索和创新，以更好地服务于读者和社会。

一、信息时代的图书馆挑战

信息技术的飞速发展，使人们进入了一个全新的信息时代。在这个时代中，图书馆面临着前所未有的挑战。首先是电子书的崛起。随着电子书和数字阅读的普及，传统的纸质书籍逐渐失去其主导地位。读者可以随时随地通过电子设备阅读电子书，这使得图书馆不再是获取信息的唯一途径。为了适应这一变化，图书馆需要提供更多的数字资源，并改进其借阅模式和信息检索系统。在科技的影响下，数字阅读已经成为一种趋势。人们越来越依赖电子设备（如手机、平板电脑等）来进行阅读。这种变化使得传统的纸质书籍逐渐失去了其在市场上的主导地位。图书馆作为传统的信息中心，面临着巨大的挑战。图书馆需要采取一些措施来优化自身的服务。比如，需要提供更多的数字资源，包括电子书、电子期刊、数据库等。将这些资源整合到图书馆的网站上，读者可以随时随地访问这些资源，不再受时间和地点的限制。此外，图书馆需要改进自身的借阅模式和信息检索系统。传统的借阅模式已经不能满足读者的需求，图书馆可以通过电子化的方式，实现借阅和归还书籍的流程，这样不仅可以提高效率，还可以减少读者的等待时间。同时，图书馆需要优化信息检索系统，使读者更快速、更准确地找到自己所需的信息。图书馆还可以通过开展一些活动来吸引更多的读者。例如，可以定期举办读书会、讲座等活动，让读者有机会交流阅读心得和获取新知识。这些活动不仅可以增加读者对图书馆的黏性，还可以促进社区的文化交流和知识传播。随着数字阅读的普及，图书馆需要适应这一变化，并积极采取措施来改进服务模式。通过提供更多的数字资源、完美借阅模式和信息检索系统，并组织开展一些活动，吸引更多的读者，这也表明图书馆将继续在人们的生活中扮演重要角色。

其次是信息素养教育的缺失。信息素养是人们在信息时代中不可或缺的一项重要能力，其重要性日益凸显。然而，当前许多图书馆仍然缺乏健全的信息素养教育体系，这使得读者在获取和使用信息时面临着诸多困难。为了改变这一现状，图书馆应当加强与学校的合作，为读者开设信息素养教育课程，全面提高读者的信息素养水平。图书馆作为信息资源的集中地，肩负着向读者提供高质量、高效率信息服务的重任。然而，由于缺少完善的信息素养教育体系，许多读者在面对海量信息时往往感到无所适从，无法准确地获取所需信息。此外，一些读者在利用信息时也存在着诸多困惑，如何鉴别信息的真伪、如何正确引用他人的观点等，都是一些较为常见的问题。这些问题不仅影响了读者的学习效率，也制约了图书馆在信息时代的良好发展。为了解决这些问题，图书馆应当积极与学校合作，为读者提供信息素养教育课程。学校是培养学生综合素质的重要场所，图书馆则拥有丰富的信息资源和完善的信息服务体系。通过合作，图书馆可以为学校提供专业的信息素养培训和指导，帮助学生提高信息获取和利用的能力。同时，学校可以借助图书馆的资源和服务优势，为学生提供更加全面、优质的教育服务。在合作过程中，图书馆和学校可以采取多种措施，提高读者的信息素养水平。例如，图书馆可以定期举办信息素养培训班，邀请专业人士为读者讲解信息检索、鉴别、引用等方面的知识；学校可以在课程设置中融入信息素养相关内容，如文献检索、情报分析等，以提高学生在信息时代的综合素质。此外，图书馆可以与学校合作开展实践活动，如组织学生参与信息检索比赛、参观图书馆等，以增强学生对信息素养的直观感受和理解。通过加强与学校的合作，图书馆不仅可以提高读者的信息素养水平，还可以更好地发挥自身的教育职能和服务职能。尤其在信息时代，培养读者的信息素养是一项长期且重要的任务，图书馆和学校应当共同努力，为读者提供更加完善、更加高效的信息服务和学习环境。同时，政府和社会各界也应当给予支持和关注，共同推动信息素养教育的发展和完善。只有通过共同努力和合作，才能培养出更多具备高素质信息素养的人才，进而促进社会的进步和发展。

隐私和安全问题也很重要。在信息时代，隐私和信息安全问题日益突出。图书馆在收集、存储和使用读者信息时，必须严格遵守相关法律法规，确保读者隐私和信息安全。同时，图书馆还需要防范网络攻击和数据泄露等风险。

在这个数字化快速发展的时代，图书馆作为信息集散地，扮演着越来越重要的角色。然而，随之而来的隐私和信息安全问题也日益引起人们的关注。为了维护读者的权益，保障信息安全，图书馆在收集、存储和使用读者信息时，必须严格遵守相关法律法规，确保读者隐私和信息安全。第一，图书馆应了解并严格遵守所有涉及读者信息的法律法规。这包括隐私法、信息安全法和图书馆相关的法律法规等。在收集读者信息时，图书馆应明确告知读者信息的收集和使用目的，并获得读者的同意。同时，图书馆应采取必要的措施，防止读者信息未经授权被第三方获取。第二，图书馆在存储和使用读者信息时，应采取一系列安全措施，包括对读者信息进行加密处理、访问控制和定期的安全审计等。此外，图书馆应防范网络攻击和数据泄露等风险。当发生信息安全事件时，图书馆应立即采取措施防止事态扩大，并及时向相关部门报告。第三，图书馆需要加强员工培训，强化员工对信息安全的认识和防范意识。图书馆还应建立健全的信息安全管理制度和应急预案，以便在发生信息安全事件时，迅速响应并处理，为读者创设一个安全、可靠的信息环境。

最后是服务模式的转变。随着信息时代的发展，图书馆面临更多的挑战和机遇。为了满足读者的多元化需求，图书馆需要更加深入地了解读者的需求，并采取相应的措施来提高服务质量。信息时代要求图书馆提供更加个性化、更便捷的服务。因此，图书馆需要转变服务模式，以适应读者的多元化需求。例如，提供 24 小时在线服务、采取智能化排架和自助借还书等便利措施，提高服务质量。一方面，图书馆可以通过提供 24 小时在线服务，满足读者的个性化需求。读者可以在任何时间、任何地点访问图书馆的网站，查询图书信息、预约借书、查询借阅记录等。同时，图书馆可以采取智能化排架和自助借还书等便利措施，让读者更加方便、快捷地获取所需的图书资源。另一方面，图书馆可以通过数据分析和挖掘，更好地了解读者的阅读需求和行为习惯。通过分析读者的借阅记录、搜索历史等信息，图书馆可以掌握读者的阅读兴趣和偏好，进而为读者推荐更加满足其需求的图书资源。这种个性化推荐服务能够提高读者的满意度和忠诚度，从而促进图书馆的可持续发展。此外，图书馆可以通过优化空间布局、改善阅读环境等措施，全方位提高服务质量。例如，图书馆可以设置更加舒适的阅读座位、提供更加安静的阅读环境、安装更加智能化的设备等，为读者营造更加愉悦和舒适的氛围。信息时代，图书馆应当向着更加个性化、便捷性的方向发展，积极转变服务模式，适应读者的多元化需求，从而提高服务质量，促进自身的可持续发展。

信息时代的图书馆面临诸多挑战，包括电子书的崛起、信息素养教育的缺失、隐私和安全问题及服务模式的转变。为了应对这些挑战，图书馆需要加强数字化建设、构建信息素养教育体系、确保读者隐私和信息安全以及创新服务模式。只有这样，图书馆才能在信息时代中保持竞争力，继续为读者提供优质的服务。具体而言，可从以下四个方面进行加强。

一是强化数字化建设。图书馆应加大数字化建设的投入力度，丰富数字资源库，提供多样化的数字服务。同时，改进信息检索系统，提高读者搜索信息的效率。此外，图书馆可以通过与各大数据库和搜索引擎合作，为读者提供更全面的信息资源。可以从以下几个方面入手：在提升数字化服务水平方面，图书馆应积极推动数字化阅读体验的提升，例如，通过建设智慧阅读体验中心，利用 VR、AR、3D 技术展示新型阅读设备，设置数字阅览区，集中为读者提供电子阅览、数字图书阅读、数据库查询等服务；在丰富数字化馆藏资源方面，图书馆应通过购买、加工等方式，增加公共数字资源藏量，自有数字资源所占内存在 30TB 以上，并建设图书馆网络课堂，通过网络连接至县（区）总馆及分馆，实现互动直播；在完善数字化共享网络方面，建设全市总分馆管理监测中心，建立中心馆—分馆—阅读点、自助馆通借通还服务体系，建成总分馆配送中心，负责馆际图书流通，方便读者随时随地访问馆藏数字资源，实现资源的共享和流通；在推进资源整合、强化跨界共享方面，结合《中华人民共和国公共图书馆法》的具体要求，各级图书馆联合共建，避免人力与物力的浪费和重复性建设，例如，可以借助网络信息建设虚拟数据库，根据实际情况分析、筛选、整合网络资源；在培养专业的数字化人才方面，图书管理员需要具备专业的数字化知识和技能，以便更好地进行数字化资源的采购、加工、组织和管理，图书馆可以通过培训和继续教育的方式，提高员工的数字化技能和专业素养；在建立完善的数字化管理系统方面，图书馆应构建完善的数字化管理系统，包括数字化资源的采购、加工、组织和管理，以提高数字化资源的利用率和管理效率；在加强数字化资源的宣传和推广方面，图书馆应加强对数字化资源的宣传和推广，让读者了解数字化资源的优势和特点，提高数字化资源的利用率和满意度。只有这样，才能更好地满足读者的需求，提高图书馆的数字化服务水平，进而提升图书馆的整体管理效率。

二是完善信息素养教育体系。图书馆应与学校、社区等机构合作，开展全面、系统的信息素养教育。通过举办讲座、开设课程等方式，培养读者的信息意识、检索技能，提升其信息素养水平。此外，图书馆还可以为学校和教育机构提供信息素养教育的支持和指导，具体措施如下。①建立明确的教学目标。通过明确信息素养教育的目标，培养学生信息获取、评估、使用及创新能力，以适应信息化社会的发展需求。②丰富教学资源。图书馆应积极收集和更新各类信息资源，包括书籍、期刊、报纸、电子资源等，同时不断引入新的教学技术和工具，如在线课程、虚拟现实技术等，以提供丰富多样的学习资源。③开设系统性的培训课程。图书馆可以针对不同年级、不同专业的学生，开设信息素养培训课程，包括信息意识、信息能力、信息道德等，助力学生提升信息素养水平。④引导自主学习。图书馆应提供自主学习平台和空间，引导学生自主探索和学习，培养学生独立思考和解决问题的能力。⑤加强与专业教师的合作。图书馆应与各专业教师建立紧密的合作关系，将信息素养教育渗透于专业课程教学中，增强学生的信息意识和应用能力。⑥定期评估和改进。图书馆应定期评估信息素养教育的效果，收集学生和教师的反馈意见，及时调整和改进教学方法和内容，以提升教育质量。⑦增强信息伦理教育。在信息素养教育中，应重视信息伦理的教育，引导学生树立正确的信息道德观念，尊重知识产权，合理使用信息资源。⑧建立信息素养教育团队。图书馆应建立一支由专业人员组成的信息素养教育团队，负责制定教育计划、开发课程、组织培训和推广等工作。⑨建立在线教育平台。图书馆可以利用互联网技术，建立在线教育平台，提供在线课程、视频教程、互动讨论等学习资源，使读者能够随时随地学习。⑩针对不同层次的学生进行个性化教育。针对不同年级、不同专业、不同需求的学生，图书馆可以提供个性化的信息素养教育服务，以满足学生的不同需求。由此可见，图书馆要有效完善信息素养教育体系，需要从多个方面入手，包括丰富教学资源、开设系统性的培训课程、引导自主学习、加强与专业教师的合作、定期评估和改进等。只有这样，才能更好地培养学生的信息素养能力，提高学生在信息化社会中的适应能力，并增强其竞争力。

三是保障读者隐私和信息安全。图书馆应建立健全隐私和信息安全管理制度，确保读者隐私信息安全，采取必要的技术手段和管理措施，防范网络攻击和数据泄露等风险。同时，加强对员工的教育和培训，提升员工对隐私和信息安全的重视程度。图书馆在保障读者隐私和信息安全方面，需要采取一系列的综合措施。以下是一些建议：①建立完善的隐私保护政策。图书馆应该制定明确的隐私保护政策，并告知读者。政策应详细说明图书馆如何收集、使用、存储和共享读者的个人信息，以及在何种情况下会与第三方共享这些信息。同时，图书馆应该采取措施确保个人信息的安全，例如使用加密技术、设置防火墙和其他安全设备来防止黑客攻击。②加强信息安全管理。图书馆应该建立专门的信息安全管理机构，并制定相应的安全管理制度。图书馆应该对员工进行信息安全培训，使其深刻了解信息安全的重要性，熟练掌握必要的信息安全知识和技能。此外，图书馆应该建立完善的备份和恢复机制，以便在遭受攻击或遇到其他紧急情况时迅速恢复数据。③开发智能化阅读推荐系统。图书馆可以利用人工智能技术，开发智能化阅读推荐系统。该系统可以通过分析读者的阅读历史、兴趣爱好等信息，为读者推荐合适的阅读材料。同时，图书馆应该确保该系统的安全性，例如对推荐算法进行加密，防止个人信息被恶意利用。④限制对读者个人信息的收集和使用。图书馆应该仅在必要的情况下，收集和使用读者的个人信息。例如，在读者借阅图书或使用其他服务时，图书馆应该仅收集与该服务相关的个人信息，并确保这些信息不会被用于其他用途。⑤建立投诉和举报机制。图书馆应该建立完善的投诉和举报机制，以便读者及时反映和举报任何侵犯其隐私和信息安全的行为。图书馆应对投诉和举报进行及时有效的处理和回应，并采取相应的措施解决。

四是创新服务模式。图书馆应积极创新服务模式，满足读者的多元化需求。例如，开展个性化推荐服务，根据读者的兴趣和需求，为其推荐合适的图书内容；提供 24 小时在线服务，方便读者随时获取信息；开展移动图书馆服务，为读者提供更加便捷的借阅体验；引入智能化技术手段，提高服务效率和质量。除此之外，图书馆可以利用人工智能技术，提供智能化服务，例如智能推荐、智能问答、智能排架等，以提高读者获取信息的效率；建立学科服务团队，提供专业的学科服务，包括学科资源建设、学科咨询、学科培训等，精准满足读者对专业学科的需求；定期开展读者活动，如读书会、讲座、展览等，增加读者的参与度和黏性，同时扩大图书馆的影响力；建立读者反馈机制，收集读者的意见和建议，持续优化服务模式，提高服务质量；探索数字化服务，如数字图书馆、移动图书馆等，为读者提供更加便捷的服务渠道和更加丰富的信息资源；加强与外部机构的合作，如与高校、科研机构等合作，共享资源，提供更加全面的服务；创新空间布局和优化服务流程，如开放式布局、自助式服务、智能化管理等，提高读者获取服务的效率。根据读者的需求和偏好，图书馆还可以为其提供个性化服务，例如定制化推荐、个人专享空间等，切实提升读者的满意度和忠诚度。图书馆应当不断创新服务模式，以适应时代的发展和读者的需求。通过引入新技术、建立学科服务团队、定期开展读者活动、建立读者反馈机制、探索数字化服务、加强与外部机构的合作、创新空间布局和优化服务流程及提供个性化服务等措施，图书馆可以更好地为读者提供优质的服务。

二、科技驱动的图书馆发展

随着科技的飞速发展，图书馆的角色和功能正在发生深刻的变化。在信息时代，科技的力量正在推动图书馆向更为智能化、数字化和网络化的方向发展。科技的进步使得图书馆的运营变得更加智能化。例如，借助人工智能技术，图书馆可以自动化地进行图书分类、借阅、归还等操作，极大提高了工作效率。同时，智能化的图书馆可以提供个性化服务，例如根据读者的阅读习惯和兴趣推荐图书，提供定制化的阅读体验。数字化技术是科技驱动图书馆发展的另一个重要领域。通过数字化技术，图书馆可以将大量的纸质图书转化为电子图书，读者可以更加方便地获取和阅读图书。此外，数字化技术促使图书馆提供虚拟现实、增强现实等新型服务，进一步丰富了读者的阅读体验。

网络化技术使得图书馆不再局限于实体空间，可以通过网络向读者提供服务。通过网络，读者可以随时随地访问图书馆的资源，打破了时间和空间的限制。此外，网络化技术使得图书馆与读者之间建立更加紧密的联系，例如，可以通过社交媒体、在线论坛等方式，与读者进行交流和互动。科技驱动的图书馆不仅要提供高效、便捷的服务，还要承担更多的社会责任。例如，通过数据分析和预测，图书馆可以更好地了解读者的需求和喜好，从而提供更加精准的服务。同时，图书馆可以通过公益活动、文化交流等方式，积极参与社会文化建设和公共服务事业中去。科技的力量正在深刻地改变着图书馆的发展方向和服务方式，未来，随着科技的进步，图书馆将成为更加智能化、数字化和网络化的信息中心和文化交流平台。

例如，新加坡国立大学（National University of Singapore，简称：NUS）图书馆，是新加坡首屈一指的公立研究型大学，其图书馆系统是全球领先的高等教育图书馆之一。近年来，NUS 图书馆积极推动以科技为驱动的图书馆发展，以提升其服务质量和资源利用率。在科技应用方面，该图书馆引入了自动化系统、电子资源库及智能推荐系统和数据分析工具，提供了自助借书、还书和续借服务。学生和教师可以通过图书馆的官方网站或移动应用程序进行在线操作，享受 24 小时服务。此外，自动化系统具备快速、准确的图书分类和排架功能，提高了图书馆运营效率。NUS 图书馆拥有丰富的电子资源库，包括学术论文、研究报告、数据库和多媒体资源等。学生和教师可以随时随地访问这些资源，极大地提高了信息获取的便捷性。图书馆还提供了一系列数字化服务，如文献传递、电子图书下载等。NUS 图书馆利用人工智能技术，开发了智能推荐系统。该系统通过分析用户的借阅历史、搜索记录和阅读习惯等信息，为用户提供个性化的图书推荐服务。这有助于提高图书的利用率和用户的满意度。NUS 图书馆运用数据分析工具，对馆藏资源利用情况进行实时监测和评估。这有助于图书馆及时调整资源采购策略，以满足用户需求。

科技驱动的图书馆的发展使得 NUS 图书馆提供了更加便捷、高效的服务。自动化系统和在线服务使得用户随时随地获取图书资源，节省了大量时间和精力。电子资源库和智能推荐系统提高了图书资源的利用率。用户可以根据推荐选择自己感兴趣的书籍，减少了信息获取的成本。数据分析工具帮助图书馆更好地了解用户需求，优化馆藏资源分配。NUS 图书馆的科技应用也为学术研究提供了有力支持。学生和教师可以轻松获取所需文献资源，提高研究效率。此外，自动化系统和电子资源库还为学术交流和合作提供了便利条件。NUS 图书馆在科技驱动的发展模式下，逐渐成为全球领先的高等教育图书馆之一。这吸引了更多国内外学者和学生前来访问和学习，进一步增强了 NUS 在全球范围内的竞争力。

NUS 图书馆的科技驱动发展模式取得了显著的应用成效，这也为其他高校图书馆提供了以下启示：高校图书馆应关注新兴科技的发展趋势，并适时引入适合本校需求的技术手段，以提高服务质量和资源利用率；通过自动化系统和数字化资源建设，可以降低人力成本，提高工作效率，为用户提供更加便捷的获取信息方式；应通过数据分析工具等手段，深入了解用户需求，以提供更加精准的服务；应积极参与学术交流与合作活动，与同行共同探讨科技驱动的图书馆发展模式，从而提升整体竞争力。

第二节　智能创新服务的价值

随着科技的快速发展，数字化转型的推动，智能创新服务正逐渐成为各行各业的核心竞争力。这种新型服务模式运用先进的技术和算法，为消费者和企业等机构，提供更具个性化和智能化的解决方案。智能创新服务是指基于大数据、人工智能、云计算等技术，为客户提供高度个性化、智能化的产品或服务。这种服务模式具有个性化、智能化、高效性、可持续性的特点。智能创新服务能根据每个客户的需求和偏好量身定制，满足客户的个性化需求。通过人工智能等技术，智能创新服务能自动分析、预测和解决问题，从而提高工作效率和准确性。智能创新服务能实时地响应用户需求，为用户提供快捷、高效的服务体验。智能创新服务不仅能满足当前需求，还能通过持续优化和创新来满足未来的需求。

智能创新服务的应用价值比较广泛，能够提升生产效率、改善生活质量、促进经济发展、增强企业竞争力和推动可持续发展等。在提升生产效率方面，智能创新服务能通过自动化和智能化技术，显著提高生产效率，降低生产成本。例如，在制造业中，智能化的生产线能减少人工干预，降低错误率，提高产品质量和产量。在改善生活质量方面，智能创新服务为人们提供了更加便捷、高效的生活方式。例如，智能家居系统能自动调节家中的温度、亮度等，使家居生活更加舒适；智能医疗系统，能为患者提供个性化的健康管理和治疗方案，从而提高医疗质量和效率。在促进经济发展方面，智能创新服务的推广应用将为社会带来更多的就业机会，推动创新产业的发展。同时，智能创新服务能够带来新的商业模式和经济增长点。在增强企业竞争力方面，智能创新服务能更好地理解客户需求，进而提高产品和服务的质量和效率。同时，智能创新服务具备差异化竞争的优势，使企业在激烈的市场竞争中脱颖而出。在推动可持续发展方面，智能创新服务具有高度的可持续性，能够通过先进的技术和算法，优化资源配置、提高能源利用率、减少环境污染等，这将对实现可持续发展目标起到十分积极的推动作用。

智能创新服务的推广和应用，将在社会、经济和企业等多个层面产生深远影响。它不仅能提高生产效率、改善生活质量、促进经济发展，还能增强各行业机构的竞争力，推动可持续发展。然而，人们也应意识到，智能创新服务的快速发展，也带来了数据安全、隐私保护等问题，因此在推动智能创新服务发展时，应加强相关法律法规的制定和执行，确保智能创新服务在促进社会进步的同时，不会对个人和社会带来负面影响。展望未来，随着技术的不断进步和创新模式的持续优化，智能创新服务将在更多领域得到广泛应用，其价值也将得到更充分的体现。

一、提高图书馆效率

智能创新服务在提高图书馆效率方面具有极其重要的应用意义。首先，人工智能技术的引入可以提升图书馆的运营效率，使图书馆的各项工作更加高效、科学。例如，人工智能技术可以大幅用于高校图书馆的智能管控，通过识别读者身份信息，设置不同类别、不同等级数据库的门禁措施，维持图书馆的服务秩序，同时可以用于自助查询服务，方便读者自助检索图书文献信息，解答读者的各种疑问，通过人机对话的方式满足读者的个性化需求。其次，智能创新服务能够促进图书馆运营模式创新，使图书馆在运营过程中不断优化与完善，形成持续改进的机制，促进运营工作向纵深开展。例如，有些图书馆在建设"智慧图书馆"开展时，加大了人工智能技术投入力度，使智能化体系日益完善，整个运营工作更加高效、科学。此外，智能创新服务能使图书馆管理工作实现更大突破，特别是在促进图书馆管理理念创新方面。例如，人工智能技术可以帮助图书馆落实"以人为本"理念，促进管理与服务的融合，提高信息传递、收集、处理、分类的全面性和系统性，进而促进图书馆服务创新、融合创新、跨界发展。因此，智能创新服务对于提高图书馆效率具有重要意义，不仅可以提升图书馆的运营效率，推动运营模式的创新，还可以使图书馆管理工作实现更大突破，促进图书馆服务的创新与跨界发展。

智能创新服务可以通过多种方式，显著提高图书馆效率。以下是一些可能的方法。

一是自动化管理。可以利用人工智能技术，建立全自动化的图书馆管理系统，实现图书信息查询、借阅和归还的自动化处理，以及图书情况的实时监控和借阅人数的统计等。这可以大大减轻图书馆工作人员的负担，提高工作效率。除此之外，利用人工智能技术可以实现图书馆的个性化推荐服务。

人工智能技术根据读者的借阅历史、浏览历史等数据，分析读者的阅读偏好和兴趣，然后根据分析结果为读者推荐其可能感兴趣的图书。这种个性化推荐服务，能够提高读者的满意度，进而增加图书馆的借阅量。另外，人工智能技术可以应用于图书馆的安保工作，通过安装智能监控系统和采用人脸识别技术，可以实时监控图书馆内的动态，及时发现异常情况并进行处理。这种技术可以有效防止盗窃、损坏图书等行为的发生，确保图书馆的财产安全。

二是个性化推荐服务。可以通过人工智能技术，分析读者的阅读偏好和兴趣，根据读者的喜好推荐相关图书。这样可以帮助读者更快地找到感兴趣的图书，提高借阅率和阅读效率。通过对用户的行为、兴趣、喜好等数据的深入分析，智能创新服务能够理解用户的个性化需求，为每个用户提供定制化的推荐服务；借助聚类技术，将具有相似兴趣的用户归为一类，然后根据该类用户的行为和兴趣为其推荐相关内容。同时，也可以使用协同过滤技术，通过分析用户的历史行为和其他相似用户的行为，为用户推荐其可能感兴趣的内容；借助矩阵分解技术，将用户和项目之间的关系转化为数值，从而为用户推荐与其兴趣最匹配的项目；使用深度学习技术，通过对大量数据的训练和学习，让模型自动为用户推荐相关内容；通过自然语言处理技术，理解用户的语言和需求，从而为用户提供更加个性化的推荐服务；利用图像识别技术，识别图片中的内容，从而为用户提供更加智能化的推荐服务；不断优化个性化推荐算法，提高推荐的准确性和相关性，使用户更加满意；利用建立用户反馈机制，收集用户的反馈和建议，不断改进和优化推荐服务；通过大数据分析技术，对用户的全量数据进行深入分析，从而为用户提供更加全面和准确的推荐服务；开放个性化推荐接口，让更多的第三方开发者能够利用这些接口为用户提供更加丰富的推荐服务。

三是智能分类。利用自然语言处理技术和机器学习算法，可以实现图书的智能分类。这可以减轻图书管理员的分类工作，提高工作效率。智能创新服务可以通过以下几种方式实现智能分类。在图像识别领域，利用机器学习算法和深度学习模型、垃圾分类系统等，可以训练出识别垃圾物品特征的能力。通过摄像头拍摄垃圾物品的图像，系统可以运用计算机视觉算法分析图像，从而识别出物品所属的垃圾分类类别。在声音识别方面，系统可以通过录音设备录制物品产生的声音，然后使用语音处理算法识别声音中的特征，将其与预设的垃圾分类类别进行匹配。在自然语言处理方面，系统可以处理用户提问的语句，利用自然语言理解和机器学习算法，将用户的语句转化为对应的垃圾分类问题，然后根据问题类型进行分类并提供回答。这些智能分类技术可以帮助垃圾分类系统实现更高效、准确的分类，同时为用户提供更便捷的分类体验。

四是智能导航。在大型图书馆中，复杂的布局和庞大的馆藏，往往使读者难以找到目标图书。人工智能技术可以建立图书馆智能导航系统，为读者提供最短路径和指引，使其更快速地找到目标图书，进而提高检索效率。图书馆的智能导航服务可以通过以下几种方式实现。①室内定位技术。借助利用室内定位技术，可以精确地确定读者在图书馆内的位置，从而实现智能导航。室内定位技术可以通过蓝牙、wi-Fi等实现，通过在图书馆内布置信号接收器，接收到读者的信号，从而确定其位置。②地图导航。通过构建图书馆的地图数据库，提供实时的地图导航服务。读者可以通过手机或其他智能设备上的应用程序，输入目的地和当前位置，获取最佳行走路线和导航指引。③语音交互。图书馆可以部署语音交互系统，通过语音识别和自然语言处理技术，为读者提供智能化的导航服务。读者可以通过语音输入问题或指令，系统会根据读者的需求，为其提供相应的导航信息。④智能推荐。通过分析读者的阅读偏好、借阅记录和搜索行为等数据，利用推荐算法，为读者提供个性化的图书推荐。通过智能推荐系统，读者可以获得与自己兴趣相关的图书推荐，提高阅读的满意度和效果。⑤自动化服务。图书馆可以提供自动化服务，例如通过机器人或自动化的图书检索系统，为读者提供快速、准确的图书导航服务。借助智能推荐等手段，提高读者的阅读满意度和效果，也是实现图书馆智能导航服务的重要方面。

五是个性化标签。智能创新服务能够为每位读者建立个性化标签，如"学生""研究人员""教师"等，以更好地识别不同人群的需求。这种个性化管理方式能够提升联系人的价值，使图书馆更贴近读者，提供更加贴合读者需求的服务。通过联系人标签功能可以有效地提高图书馆资源的管理效率，进而进一步提高读者的满意度。图书馆的个性化标签服务可以通过以下方式进行实现。第一，建立用户模型。通过收集和分析用户的个人信息、阅读历史、搜索记录等数据，建立用户模型，对用户的兴趣、需求和行为进行分析和预测。第二，实施标签分类。根据用户模型，将图书馆的资源进行分类，并为每个类别赋予相应的标签。这些标签可以包括主题、类型、作者、出版社、年代等各个方面。第三，进行个性化推荐。根据用户模型和标签分类，为用户提供个性化的图书推荐服务。例如，对于喜欢科幻小说的用户，可以推荐一些最新的科幻小说，或者与科幻相关的其他书籍。第四，实现动态更新。通过监测用户的阅读行为和反馈，不断更新用户模型和标签分类，确保服务的准确性和时效性。第五，提供互动式服务。图书馆需要提供一些互动式服务，如参考咨询、文献传递、馆际互借等，以增强用户的参与感和黏性；也可以通过邮件、短信或者其他方式，主动向用户推送个性化的图书推荐和服务信息。第六，重视用户反馈。定期收集用户的反馈意见，并对服务进行改进和优化，以提高用户的满意度和忠诚度。智能创新服务可以帮助图书馆更好地了解用户需求和行为，提高资源利用率，提升用户满意度，从而为图书馆的发展注入新的活力。

二、丰富用户体验

智能创新服务可以极大地丰富图书馆用户的体验，提高图书馆的吸引力和使用率。比如智能推荐系统，可以通过分析用户的阅读历史、兴趣爱好和行为模式，精准向用户推荐可能感兴趣的书籍、文章或主题。这种个性化推荐服务，能够提升用户的阅读质量和效率。在虚拟现实（VR）和增强现实（AR）体验中，图书馆可以利用 VR 和 AR 技术，为用户提供沉浸式的学习和阅读体验。例如，用户可以通过 VR 设备参观古代文明博物馆，或者通过 AR 技术在现实世界探索古代建筑。在智能问答系统中，通过自然语言处理技术，智能问答系统可以理解用户的问题并给出精准的答案。无论是关于图书馆的借阅规则、书籍位置还是其他学术问题，都可以迅速为用户解答。借助物联网和传感器技术，图书馆可以为用户打造个性化的阅读空间，还可以根据个人喜好和需求进行调整。例如，用户可以通过手机应用程序，调整灯光、温度和背景音乐，使阅读空间更加符合个人需求。在电子资源的一站式搜索应用中，图书馆的电子资源往往包括各种数据库、电子期刊、电子书等，用户难以一站式找到自己需要的资源。智能创新服务可以通过语义搜索、机器学习和自然语言处理等技术，帮助用户更高效地搜索和筛选电子资源。

除此之外，图书馆可以开发移动应用程序，用户可以随时随地访问图书馆的资源和服务。例如，用户可以通过应用程序，查看图书馆的开放时间、借阅情况、预订自习室等。图书馆可以通过收集和分析用户的阅读数据、搜索历史、借阅行为等大数据，了解用户的需求和行为模式，从而更好地为其提供服务。例如，通过分析用户的阅读习惯，图书馆可以定期向用户推荐相关领域的最新研究成果和学术资料。这些智能创新服务不仅可以提高图书馆的用户体验和使用率，还有助于图书馆更好地履行教育和信息服务职能。

第三节　本书的研究目的与方法

随着移动互联网和大数据的广泛应用，用户的信息需求和服务消费方式发生了明显变化。图书馆需要主动进行技术驱动的服务创新，以适应形势发展，满足用户多样化的学习和阅读需求。通过开展智能创新服务，图书馆可以适应新时代的发展，并彰显公共价值。比如通过开展虚拟参考咨询、联合学习空间、个性化推荐等创新服务，图书馆可以提供更为丰富的知识内容和更为便捷的获取途径，帮助不同层次的用户实现自主学习和终身教育。此举增强了图书馆的公共服务功能，提升了其公共价值。人工智能的应用能够使图书馆运营工作更具创新性，推动运营工作朝着智能化的方向发展，使"智慧图书馆"建设取得更大突破。人工智能技术综合应用于图书馆管理领域，还能够使图书馆管理工作取得显著成效，对促进图书馆管理理念创新至关重要。而且，人工智能技术能够使图书馆落实以人为本理念，促进管理与服务的融合，提高信息传递、收集、处理、分类的全面性和系统性，进而促进图书馆服务创新、融合创新、跨界发展。因此，开展智能创新服务能够使图书馆更好地适应时代发展需求，提升其公共服务价值，优化运营模式，并形成持续改进机制。研究和探索新的服务模式和用户体验也可以为图书馆的未来发展提供新的思路和方法，推动图书馆事业的可持续发展。图书馆智能创新服务与用户体验的研究目的和方法相互关联。研究和探索新的服务模式和用户体验，可以提高图书馆的服务质量和使用效率，全方位满足读者的多元化需求，有力推动图书馆事业的可持续发展。

一、研究背景

图书馆作为公共场所，为学生提供查阅文献资料和自主学习的环境。由于学生用户的需求具有多样性，图书馆需要不断更新管理服务或系统功能，以适应学生的需求。在一些高校中，图书馆的座位供不应求，尤其是在考试周、考研月及英语四六级等各种考证考试时间段，座位需求剧增，导致座位供不应求。再加上"恶意占座""人走书在"等现象，有限的座位无法得到有效使用。当前，人工智能技术已经广泛应用于各个行业和领域，对促进高质量发展至关重要。图书馆在发展过程中，也应将人工智能科学应用于图书馆运营、管理、服务的各个领域和各个环节，只有这样，才能使图书馆运营与服务工作实现更大突破。科学应用人工智能技术能够使图书馆运营工作更具创新性，特别是能够促进运营工作朝着智能化的方向发展，进而使"智慧图书馆"建设实现更大突破。例如，有的图书馆在建设"智慧图书馆"的过程中，加大人工智能技术投入力度，使智能化体系日趋完善，整个运营工作更加高效、科学。因此，图书馆智能创新服务与用户体验的研究有助于更好地了解和改善图书馆的服务质量，大幅度提高用户满意度。

例如，智慧图书馆建设主要是一种采用信息技术手段，将传统图书馆进行数字化、网络化改造，并结合现代化的管理和服务模式，为读者提供高效、便捷、个性化的阅读服务和知识管理的过程。智慧图书馆具有较多特点，具体如下。一是数字化。智慧图书馆将图书馆的馆藏资源数字化，建立数字化图书馆和数字化阅览室，为读者提供在线阅读、借阅和查询等服务。此外，智慧图书馆可以提供数字化资讯服务，包括数字化期刊、报纸、杂志等，读者可以及时了解最新的资讯和信息。二是智能化。智慧图书馆的建设需要结合现代化的信息技术手段，包括数字化技术、网络技术、智能化技术等。智慧图书馆的建设包括数字化馆藏、数字化阅览室、数字化服务平台、智能化服务系统、知识管理系统等，其中数字化馆藏和数字化服务平台是智慧图书馆建设的核心。三是高效便捷。智慧图书馆为读者提供全方位和一体化的服务，通过知识和管理的共享，解决读者的各类问题，并且为读者节约更多时间，为馆员提供更加快捷的管理。四是使用便利性。基于图书馆＋物联网＋云计算＋智慧化设备的智慧图书馆，不仅可以使图书馆管理员在智能化和自主化的基础上实现更高效的管理，还可以为广大读者提供快捷、便利的信息查询和阅读等综合服务。

智慧图书馆建设，结合了现代化的信息技术手段，包括数字化技术、网络技术、智能化技术等，实现了图书馆的智能化服务和管理。这不仅提高了图书馆的管理效率，也为读者提供了更为便捷、全面的服务。智慧图书馆建设对高校教育的发展也具有重要意义。其不仅可以帮助图书馆更好地管理图书馆资源、借阅记录等信息，提高图书馆的管理效率，还可以为教师提供更多的教学资源和教学工具，进一步丰富教学内容，切实提高教学质量，增强教学效果。同时，智慧图书馆可以为高校提供更全面的数据支持，帮助学校进行科研评估和教育管理，推动高校教育的发展。数字化馆藏和数字化服务平台，是智慧图书馆建设的核心，可以将图书馆的馆藏资源进行数字化转化，并以数据库的形式存储在网络上，读者可以通过网络进行查询、借阅、阅读等操作，不必亲自到图书馆进行操作。这为读者提供了更为便捷、高效的服务体验。

二、方法论与研究途径

方法论是研究某种问题或现象所采用的一套系统化、有组织的方法，它涉及研究的目的、设计、数据采集与分析、结果呈现等各个环节。研究途径是使用方法论，解决问题或现象的具体途径，强调的是如何实现研究目的和设计。在科学研究中，方法论和研究途径至关重要。通过严谨的方法论，研究者可以更加全面、准确地了解问题，并找到解决问题的途径。研究途径也是实现研究目的和设计的重要手段，能够帮助研究者顺利达成预期的研究成果。在社会科学领域中，方法论和研究途径也是非常重要的。社会科学研究通常需要使用定性和定量研究方法，如问卷调查、访谈、观察、实验等。这些方法的使用，可以根据不同的研究目的和设计进行相应的调整和优化。

随着科技的迅猛发展，智能化服务已经深入各个领域，为人们的生活和工作带来了前所未有的便利。这对图书馆工作来说也是如此。通过对智能化服务的概念、应用领域、发展历程进行系统性的回顾，全面了解智能化服务

的现状和历史；通过选择典型的智能化服务案例进行深入分析，探讨智能化
服务的具体应用、实施效果及影响因素；通过收集和分析智能化服务的相关
数据，了解其发展趋势、市场规模、用户需求等信息，为研究提供定量支持。
通过邀请智能化服务领域的专家学者进行访谈，获取对智能化服务的见解和
建议，增强研究的权威性；此外，在实际环境中开展智能化服务的实践研究，
借助实验和实证分析，科学验证智能化服务的可行性和效果。

第二章　智能化技术在图书馆中的应用

第一节　人工智能在图书馆管理中的应用

人工智能（Artificial Intelligence，简称 AI）是一种研究、开发用于模拟、延伸和扩展人的智能的理论、方法、技术及应用系统的新技术科学，也是智能学科的重要组成部分。人工智能旨在探索智能的本质，并创造出一种新的能与人类智能相似的方式做出反应的智能机器。这个领域的研究包括机器人、语言识别、图像识别、自然语言处理和专家系统等。人工智能的应用范围日益扩大，例如自动驾驶汽车、语音识别、智能家居等，而如今，人工智能在图书馆中也得到了广泛应用。

人工智能的研究目标是通过制造智能代理来实现人类智慧的各种能力，如语言理解、问题解决、学习、认知和决策等。其核心开发目标包括智能机器人、自然语言处理、认知计算、深度学习和图像识别等。这些开发目标不仅有助于提高计算机的智能水平，还可以帮助人类解决许多实际问题，例如自动驾驶汽车、医疗诊断和智能家居等。人工智能的研究涵盖诸多领域，如机器学习、自然语言处理、计算机视觉、智能机器人、强化学习和深度学习等。近年来，人工智能在这些研究领域中取得了许多重要的突破，例如自然语言处理技术的突破，使人工智能更好地理解人类语言，更好地回答问题。现在的语音识别系统可以准确识别许多语言，普遍应用于智能手机、智能家居自动驾驶和汽车等领域。人工智能是一种模拟人类智能的技术，它可以帮助人们解决许多实际问题，应用范围不断扩大。未来，随着技术的不断进步和应用范围的不断扩大，人工智能将成为人类智慧的"容器"，为人类带来更多的便利和创新。

人工智能在图书馆管理中的应用，主要包括智能检索、智能盘点、智能学习和智能推荐等方面。首先，智能检索服务是人工智能在图书馆管理中的重要应用之一，通过运用人工智能技术，图书馆的信息检索过程可以完全实现自动化，不仅能提高检索效率，还能减少出错率。例如，南京大学将人工智能和射频识别等技术应用于图书馆，完成了对馆内藏书的自动清点，有助于用户对所需资源的信息进行实时查找，定位的准确率高达99%，平均每小时能检索一万册图书，出错率不超过千分之三，馆藏资源的检索效率得到大幅提升。其次，智能盘点是人工智能在图书馆管理中的重要应用之一，基于人工智能技术的智能图书盘点机器人，可以对图书馆藏书进行自动化盘点，检查是否出现了丢失、错架放置图书等问题，并实时更新图书的位置信息。这极大减轻了图书管理员的工作负担，提高了盘点工作的效率。

此外，人工智能在学习支持方面发挥着重要作用，基于人工智能的各项关键技术，现阶段智能学习支持系统的典型应用，如教学资源的智能推荐、智能学科的工具使用等。这些应用旨在为学生提供科学、及时的支持，帮助其更高效地完成学习。人工智能在图书馆管理中的应用已经变得越来越广泛，随着技术的发展，人工智能将在图书馆管理中发挥更加关键的作用，为读者和管理者提供更加智能化、高效化的服务。

人工智能在图书馆管理中的应用已经变得越来越广泛，在智能化排架系统中，人工智能技术能通过图像识别和深度学习，自动识别并记录图书的排列顺序。这种方式能够显著提升图书管理员的工作效率，减轻工作人员的负担，同时能防止图书排列混乱的情况发生。在自动分类系统中，通过机器学习和计算机视觉技术可以自动识别图书的内容和分类信息，并对图书进行自动分类。这样的系统能够极大提高图书馆的分类效率，减小人工分类的误差。在智能推荐系统中，可以利用人工智能技术，分析读者的阅读习惯和需求，为其提供个性化的图书推荐服务。这样的系统能够提高读者的阅读满意度，帮助图书馆更好地满足读者的需求。在自动化巡检系统中，通过机器学习和计算机视觉技术，自动识别并记录图书的破损情况，及时发现并修复问题。这样的系统能够提高图书馆的巡检效率，同时也能有效减少图书破损的情况。在智能检索系统中，可以利用人工智能技术，自动识别并提取图书中的关键词和主题信息，为读者提供更加准确和高效的检索服务。这样的系统能够提升读者的检索体验，帮助图书馆更好地管理其馆藏资源。这些应用正在不断地改变着图书馆的管理模式和服务方式，切实提高着图书馆工作人员的工作效率，优化读者的阅读体验。

一、智能检索系统

图书馆的智能检索系统，是近年来被广泛应用的现代化技术之一。该系统主要利用人工智能技术和大数据处理能力，对图书馆内的文献资源进行高效的自动分类、筛选、检索和推荐，从而为读者提供更加个性化、精准的阅读服务。

智能检索系统的工作原理主要通过以下几个步骤来实现。一是数据采集。智能检索系统会从图书馆的各个方面自动收集信息，包括图书的标题、作者、出版年份、所属类别、借阅状态等，还会收集读者的阅读习惯、借阅记录等数据。二是数据处理。收集到的数据会通过人工智能算法进行处理，包括数据清洗、分类、聚类、关联规则挖掘等。这些处理过程，可以帮助系统理解读者的阅读需求和偏好。三是智能推荐。通过对数据的分析处理，智能检索系统会根据读者的阅读偏好和历史行为，为其推荐合适的文献资源。这些推荐结果会以个性化的方式展示给读者，例如推荐相似文章、相关书籍等。四是实时更新。智能检索系统会实时更新馆内文献资源的状态，包括新书的入库、借阅状态的变更等。同时会根据读者的反馈和系统自学到的知识进行动态调整，不断提高推荐的准确性和读者满意度。

图书馆应用智能检索系统的优势，主要体现在以下几个方面。

第一，能够提高检索效率。智能检索系统能够快速地根据读者的需求和偏好进行检索，极大提高了检索的效率。同时，可以通过自动化技术减少人工干预，降低错误率。智能检索系统还可以根据读者的历史搜索记录和阅读习惯，进行智能推荐和个性化排序，使检索结果更加符合读者的需求和偏好。这种智能化的检索方式，不仅提高了检索的准确率，也使读者更加便捷地获取所需信息。此外，智能检索系统的发展也促进了数字图书馆的建设。数字图书馆是利用数字化技术和网络化技术，将传统图书馆的资源和服务进行数字化处理，并提供网上服务的一种新型图书馆。智能检索系统作为数字图书馆的核心技术之一，为读者提供了更加高效、准确、个性化的服务。在数字图书馆中，智能检索系统可以通过对海量数据的分析和挖掘，发现知识间的关联和规律，形成知识网络和知识地图，帮助读者更好地理解和应用知识。此外，智能检索系统可以通过自动化技术进行数据清理和数据更新，确保数据的准确性和时效性。

第二，可以提供个性化服务。通过对读者数据的分析，智能检索系统可以为读者提供个性化的阅读服务，满足不同读者的需求。这有助于提高读者的满意度和忠诚度。智能检索系统还可以为读者提供更加精准的阅读推荐。通过对读者历史阅读记录、搜索关键词等数据的分析，系统可以识别读者的阅读偏好和兴趣，并为其推荐更加符合其喜好的阅读资源。这种个性化推荐服务能够让读者在海量阅读资源中，快速找到自己感兴趣的内容，并提高阅读体验和效率。同时，智能检索系统可以为图书馆提供更加精细化的管理服务，通过对读者数据的分析，系统可以掌握读者的借阅习惯、阅读喜好等信息，为图书馆的资源采购、排架等管理提供更加精准的决策支持。这种精细化的管理服务能够提高图书馆的资源利用率和服务水平，更好地满足读者的阅读需求。

第三，是可以优化馆藏资源。通过对馆内文献资源的自动分类和聚类，智能检索系统可以帮助图书馆更好地管理馆藏资源，提高文献的利用率和借阅率。此外，智能检索系统可以与图书馆的数字化平台进行无缝连接，实现线上线下文献资源的共享和联动。这样一来，读者可以在线检索到图书馆的文献资源，了解馆藏情况，进行预约借阅，也可以在图书馆内，使用自助借还书机等智能化设备，快速完成借阅和归还操作。智能检索系统已经成为现代图书馆不可或缺的一部分，进一步加速了图书馆的数字化转型和升级。

第四，是可以进行辅助决策支持。智能检索系统可以提供数据支持，帮助图书管理员作出更加科学合理的决策，例如采购新书、调整借阅政策等。智能检索系统是一款先进的人工智能工具，能够根据用户输入的自然语言文本，快速准确地检索相关信息和数据，从而为图书管理员提供重要的决策支持和依据。通过智能检索系统，图书管理员可以轻松地获取图书借阅、读者反馈、图书排行榜等信息，从而更加科学合理地制定采购计划，合理调整借阅规则。此外，智能检索系统能够对图书馆的藏书进行智能化的分类和整理，方便图书管理员进行管理和维护。通过智能检索系统的使用，不仅可以提高图书馆的管理效率和服务质量，还可以帮助图书管理员更好地了解读者的需求和喜好，从而更好地满足读者的阅读需求。因此，智能检索系统被认为是图书馆管理现代化的重要工具之一，拥有广泛的应用前景和价值。

然而，在实际应用中，图书馆的智能检索系统也面临着一些挑战和问题。例如，系统的准确性和稳定性比较容易受到数据质量和处理能力的制约，同时，系统的维护和更新也需要有专业的人员和技术作为支持。此外，对于一些有着特殊需求的读者，智能检索系统可能无法提供完全个性化的服务，需要人工介入进行干预。因此，图书馆的智能检索系统面临多方面的问题，这些问题可能影响用户的使用体验和系统的效能。除此之外，还包括以下问题。

在数据质量方面，图书馆的数据库可能存在数据缺失、错误或不准确的情况，这可能导致智能检索系统的结果不完整或出现错误。此外，由于图书的更新和替换，旧数据可能不再适用，但系统无法实时更新，从而导致检索结果不准确。搜索算法存在一定的局限性，虽然智能检索系统使用先进的搜索算法来寻找与查询相关的图书，但这些算法并不完美，在处理多义词、歧义词或复杂概念时，可能会出现误解或无法准确匹配用户意图的情况。智能检索系统通常使用自然语言处理技术来理解用户的查询服务。可是自然语言处理仍然面临许多挑战，包括词义消歧、同义词匹配、上下文理解等。这可能导致系统无法正确理解用户的查询意图，从而影响检索结果。隐私和安全问题的处理也很主要，图书馆的智能检索系统需要收集和处理用户的个人信息，如借阅记录、查询历史等。这涉及隐私和安全问题，需要采取严格的安全措施来保护用户数据。当然，智能检索系统还需要定期进行维护和更新，以保持其高效性能和准确性。由于技术更新迅速，系统可能很快过时，需要不断投入资源进行升级和改进。智能检索系统需要用户具备一定的信息素养才能有效使用，所以并不是所有用户都具备这种素养，因此需要对用户进行教育和培训，以提高用户的信息检索能力；如果图书馆服务于来自不同国家和地区的用户，那么智能检索系统就需要支持多种语言。这涉及复杂的文本处理和翻译技术，需要解决很多技术难题。如今随着图书馆藏书量的增加，智能检索系统可能面临着巨大的计算压力。如何确保查询的实时性和响应速度是一个重要的问题。尤其是在大量的检索结果中，如何筛选出与用户查询最相关的图书也很重要。此外，对于某些敏感或不适宜的内容，也需要进行过滤和筛选，以确保提供给用户的内容是合适的。

为了解决这些问题，图书馆需要不断优化和完善其智能检索系统，同时积极寻求与相关技术企业的合作，以便引入最新的技术和解决方案。图书馆优化自身的智能检索系统，可以从以下几个方面考虑。一是加快检索速度。图书馆可以采取各种技术手段，如分布式计算、负载均衡等，提升检索系统的处理能力，更快地响应用户的检索请求。二是增强检索准确性。图书馆可以通过优化算法和数据结构，提高检索系统的准确性。例如，引入自然语言处理技术，对用户输入的关键词进行智能解析和匹配，减少误检和漏检的情况。三是持续丰富检索内容。图书馆可以不断扩充其数据库，涵盖更多的学术资源、知识领域和主题，为用户提供更全面的信息检索服务。四是进一步优化用户界面。图书馆可以优化检索系统的用户界面，使其更加友好和直观。例如，引入智能推荐和个性化推荐功能，根据用户的兴趣和历史行为，为其推荐相关的学术资料和信息资源。五是建立反馈机制。图书馆可以建立用户反馈机制，收集用户对检索系统的评价和建议，及时改进和优化系统功能。六是加强培训和指导。图书馆可以定期举办相关的培训和指导活动，帮助用户更好地了解和使用检索系统，提高用户的检索能力和效率。七是跟进新技术发展。图书馆可以密切关注新技术的发展动态，如人工智能、大数据、云计算等，将其应用于检索系统的优化和升级，提升系统的性能和智能化水平。从技术、内容、界面、反馈、培训等多个维度入手，不断提升系统的性能和用户体验，更好地满足用户的阅读需求。

图书馆的智能检索系统对于提高检索效率、提供个性化服务、优化馆藏资源等方面都具有显著的应用优势。然而，为了更好地满足读者的需求和提高服务质量，图书馆仍需不断探索和创新，持续完善智能检索系统的功能和应用场景。

二、自动化标引技术

随着科技的飞速发展，图书馆的运营模式也在逐渐发生改变。其中最具有里程碑意义的改变就是图书馆的自动化标引技术。这种技术的引入，极大地提高了图书馆的运营效率，同时也为读者提供了更加便捷的检索服务。自动化标引技术是一种利用计算机技术对文献进行自动分类和标识的技术，它主要借助自然语言处理、图像识别等技术，对文献的内容和特征进行提取和分析，从而实现对文献的自动分类和标识。自动化标引技术是图书馆自动化管理的重要组成部分，不仅提高了图书馆的分类效率，也提高了分类的准确性和一致性。

自动化标引技术的应用优势众多，如提高效率、提高准确性、便于检索、智能化等。首先，自动化标引技术可以快速地对大量文献进行分类和标识，极大提高了图书馆的分类效率。具体来说，自动化标引技术采用了自然语言处理技术，可以自动分析文献的内容，并根据预先设定的分类体系，对文献进行自动分类。同时，可以根据文献的内容自动生成相应的标识，如关键词、主题分类等，使图书管理员更加方便地检索和管理文献。此外，自动化标引技术可以根据文献的语言和内容特点，自动识别并去除一些无效或低质量的文献，从而保证图书馆的文献质量。通过计算机程序进行分类和标识，避免了人为错误，进一步提高了分类的准确性。这种技术利用了自然语言处理和机器学习的原理，可以对文本进行自动化分类和标识。相比传统的人工标引方式，自动化标引技术不仅降低了人力成本，还能够更加快速地处理大量的文本数据。此外，由于计算机程序的客观性和一致性，自动化标引技术的准确性也得到了保证。这种技术在图书馆、档案馆、搜索引擎等领域都有着广泛的应用前景。

自动化标引技术可以为读者提供更加便捷的检索服务，读者可以通过关键词、主题等快速找到自己需要的文献。这项服务能够节省读者的时间和精力，让检索变得更加高效。通过使用关键词、主题等标签，读者可以轻松地找到自己需要的文献，而无需花费过多的时间和精力进行筛选。这种自动化标引技术不仅提高了检索效率，还为读者提供了更加准确和全面的文献信息。另外，自动化标引技术可以利用人工智能技术对文献进行深度学习和分析，从而为读者提供更加个性化的推荐服务。这种技术能够智能地理解文献的内容及结构，并利用自然语言处理技术，对文献进行自动分类、标签化和索引化。通过这种方式，自动化标引技术可以为读者提供更加精准和个性化的推荐服务。具体来说，自动化标引技术可以根据读者的阅读历史、搜索记录、阅读偏好等信息，以及文献的内容和结构特点，为读者推荐与其兴趣和需求相符的文献。这种推荐服务不仅提高了读者的阅读效率，还能够帮助读者更好地了解该研究领域的前沿动态，从而促进学术研究的进步。自动化标引技术还可以根据文献的使用情况和反馈信息，对推荐服务进行持续优化和改进。这种自我学习和自我完善的能力，能使自动化标引技术不断提高其准确性和可靠性，为读者提供更加优质的服务。

自动化标引技术在图书馆中的应用也较为广泛，多用于图书自动分类、图书标签标注、图书借阅管理、图书推荐服务等方面。比如，在图书自动分类中，自动化标引技术可以根据图书的内容和特征进行自动分类，便于读者查找和借阅。该技术采用了人工智能和机器学习等先进技术，能够快速、准确地识别图书的特征，并将其归类到相应的类别。这为读者提供了更加便捷的查找和借阅体验。通过应用自动化标引技术，图书馆的运营效率得到了大幅提升，节省了大量的人力和物力资源。在图书标签标注中，自动化标引技术可以为图书自动添加标签，便于读者通过标签快速找到相关图书。自动化标引技术作为一种先进的技术，能够通过对图书内容的分析，自动为图书添加相关标签。这种技术不仅极大地提高了图书的标引效率，还可以保证标签的准确性和客观性，避免了人为因素对标签的影响。通过使用自动化标引技术，读者可以通过标签快速找到相关的图书。这种技术可以为读者提供更加精准的搜索结果，缩短了读者的查找时间，提高了读者的阅读体验。自动化标引技术还可以为图书管理员减轻工作负担，提升工作效率。传统的标引方式需要图书管理员手动为每本书添加标签，这是一项非常烦琐且耗时的工作。而自动化标引技术可以自动完成这项任务，从而让图书管理员有更多的时间和精力去完成其他更有价值的工作。

在图书借阅管理中，自动化标引技术可以实现图书的自动借阅管理，包括自动计时、自动提醒等。自动化的标引技术是现代图书馆管理的重要组成部分，它能够实现图书的自动借阅管理，这一功能不仅简化了借阅流程，提高了管理效率，还为读者提供了更加便捷的借阅体验。具体来说，这种技术包括自动计时和自动提醒等功能。自动计时功能可以精确地记录读者借阅图书的时间，从而避免人工计时的不便和误差。这不仅有助于提高图书馆管理的精确性和公正性，也有助于读者更好地规划和管理自己的借阅行为。自动提醒功能则是通过智能化的提醒机制，帮助读者及时了解到图书的归还日期和注意事项。这种提醒可以以电子邮件的形式，也可以以手机短信的形式，让读者随时随地了解到自己的借阅状态和注意事项。自动化的标引技术可以帮助读者更好地规划和管理自己的借阅行为。

在图书推荐服务中，自动化标引技术可以通过对图书内容的深度学习和分析，为读者提供个性化的图书推荐服务。这种技术能够自动化地对图书进行精准的分类和标签化，从而使读者更加方便快捷地找到自己感兴趣的图书。通过深度学习和自然语言处理技术，自动化标引技术可以理解图书内容的语义和语境，从而进行精细化的标注和分类。这种技术不仅可以加快图书的检索速度，提高检索的准确性，还可以根据读者的兴趣爱好和阅读习惯，为其推荐最符合需求的图书。此外，自动化标引技术可以通过对图书内容的情感分析，为读者提供更加客观、全面的图书评价。这种技术可以有效地避免人为因素对图书评价的干扰，从而使读者更加信任和依赖自动化标引技术的推荐结果。因此，自动化标引技术作为一种创新性的工具，可以极大地提高图书推荐的准确性和效率，为读者带来更加优质的阅读体验。

随着科技的发展，图书馆的自动化标引技术也将迎来新的发展机遇。未来可能会出现以下几种发展趋势：一是智能化的进步。随着人工智能技术的发展，未来的自动化标引技术将更加智能化，能够更好地对图书进行深度学习和分析，为读者提供更加个性化的服务。二是自动化的进步。未来的自动化标引技术将更加自动化，能够自动完成更多的任务，提高图书馆的运营效率。三是云端化。未来的自动化标引技术将更加云端化，能够更好地实现数据的共享和管理，提高图书馆的管理效率。随着云计算技术的发展，图书馆自动化标引技术也逐渐向云端化方向发展。云端化意味着图书馆可以将标引工作放在云端进行，通过云服务来实现自动化处理和图书资源的共享。这种发展模式具有众多优点：云端化的标引技术可以大大减少人工干预，提高标引工作的准确性和效率；可以实现多馆协作，加快图书资源的流通和利用，提高图书馆的整体服务质量；可以降低图书馆在硬件设备、软件维护等方面的投入成本，可以实现资源共享，降低图书馆在人力资源方面的投入成本，从而使图书馆的资源得到更加充分的利用；可以促进全球范围内的资源共享，加强图书馆之间的合作和交流。利用云计算技术的优势，可以加强数据的安全性和可靠性，实现数据备份和恢复保障图书馆的数据安全。未来随着云计算技术的发展，图书馆自动化标引技术的云端化，也会越来越普遍。四是安全性的发展。未来，自动化标引技术将更加注重安全性，能够更好地保护读者的隐私和数据安全。这种技术将采用更加先进的加密算法，对读者的个人信息进行加密处理，防止信息被非法获取和滥用。同时，自动化标引技术将加强对数据安全的保护，采用更加完善的数据管理制度，保证数据的安全性和可靠性。这种技术将更加注重读者的隐私权，严格遵守相关法律法规，确保读者的个人信息安全不受侵犯。

图书馆的自动化标引技术是图书馆运营管理的重要发展方向。该技术不仅可以提高图书馆的运营效率，还可以为读者提供更加便捷的服务。未来，随着科技的发展和应用，图书馆的自动化标引技术也将迎来新的发展机遇，为图书馆的发展注入新的活力。

第二节　大数据分析与用户行为预测

图书馆中的大数据分析与用户行为预测，是一种利用大数据技术挖掘和分析用户行为，以提供个性化服务和提升图书馆运营效率的方法。首先，大数据分析在图书馆中的应用主要集中在借阅情况分析、图书价格分析、读者分析、图书分析等方面。通过对海量的用户借阅行为数据进行挖掘和分析，建立用户的行为模型和用户画像，包括每日的借还情况、还书册数、借阅时段、不同类目借阅情况、人均借阅量等。对图书经费的分析包括图书经费的分配、不同类目借阅情况与经费占比情况等。读者分析中，主要包括新增读者、周活跃、月活跃读者分析，读者性别占比、不同性别借阅量情况分析等，这有助于了解读者的阅读偏好和习惯。图书分析中，主要包括现有图书总量、未被借阅书籍、新书入库分析、部分书籍损补情况等，这有助于了解图书的使用情况和需求。通过大数据分析，图书馆可以进行用户行为预测。比如根据用户的借阅记录和阅读偏好，可以预测用户的阅读需求和兴趣，从而为其推荐相关的图书和文献。再比如，根据用户在图书馆网站的访问记录，预测用户的学术研究方向和需求，从而为其推荐相关的学术资讯和研究成果等。这种用户行为预测，有助于提升图书馆服务的个性化程度，满足用户的个性化需求，同时也有助于提高图书馆资源的利用率。

一、用户行为分析

大数据技术逐渐成为各行业的重要工具，图书馆作为信息汇聚和传播的重要场所，也开始应用大数据技术进行用户行为分析，以更好地满足用户需求，优化资源配置，提高服务质量。大数据技术在图书馆中的应用十分广泛，如数据收集、数据处理、数据应用等。在数据收集方面，图书馆在为用户提供服务的过程中会产生大量的数据，包括借阅数据、搜索数据、浏览数据等。凭借大数据技术，图书馆可以全面收集这些数据，了解用户的阅读习惯、兴趣爱好等。

大数据技术在图书馆数据收集方面的应用，主要表现在以下几个方面。

一是图书数字化。随着信息技术的快速发展，图书数字化已成为图书馆发展的重要趋势。运用大数据技术可以通过采集和分析数字化图书数据，提高数字化图书的管理和利用效率。例如，通过分析数字化图书数据，建立图书元数据和图书数据仓库，实现数字资源的有效整合和利用。二是数据存储。图书馆需要存储大量的数据，包括读者信息、图书信息、借阅信息等。依托大数据技术可以提供高效、可靠的数据存储方案，保证数据的完整性和安全性。三是数据挖掘和分析。大数据技术可以进行数据挖掘和分析，从而发现数据中隐藏的模式和规律。图书馆可以通过数据挖掘和分析，了解读者的阅读习惯、需求和行为模式，为读者提供更精准的服务。例如，通过对借阅数据的分析，了解不同类目图书的受欢迎程度，为采购和推荐图书提供依据。四是读者服务。借助大数据技术图书馆可以通过大数据技术为读者提供个性化的服务。例如，通过分析读者的借阅记录和搜索历史，向读者推荐相关的图书和资料，提高读者的阅读体验。五是优化管理决策。大数据技术可以为图书馆管理提供科学依据。例如，通过对借阅数据的分析，了解读者的需求和反馈，为图书馆的布局、服务和管理工作提供参考。大数据在图书馆数据收集方面的应用，可以帮助图书馆提高管理效率，全面提升整体服务质量，同时为图书馆的决策提供科学有效的参考依据。

在数据处理方面，收集到的数据需要进行有效的处理和分析，才能转化为有价值的信息。大数据技术可以帮助图书馆对海量数据进行实时处理和分析，提取出有价值的信息。图书馆拥有大量的读者借阅数据、资源使用数据及用户行为数据等，对这些数据的处理和分析，对于图书馆的运营和决策制定都具有重要的意义。在图书馆应用大数据技术对数字资源进行整合的过程中，首先需要完成相关数据的采集。由于数据类型比较多，且结构形式也比较复杂，加之并非全部数据都有价值，需要对采集到的数据进行预处理。这个环节可以利用 ETL 工具来完成，由此大幅提升图书馆大数据获取的准确性。预处理流程包括数据抽取、数据清洗和数据转换，最后通过加载将这些数据存储到平台。大数据的存储方式中，图书馆在对馆藏数字资源进行整合时，可以借助 Hadoop 平台来完成对大数据的存储。这个平台最为突出的特点是能够使数据的存储成本大幅降低，且平台的时延较低、并发高，查询能力非常强大。图书馆可以利用大数据技术进一步分析用户借阅和阅读行为，以了解用户喜好和需求。通过分析这些数据，图书馆可以预测流行的图书、热门的主题和用户的借阅模式，从而更好地满足用户的需求。例如，通过分析用户的借阅记录和阅读习惯，预测用户可能感兴趣的图书类型和主题，从而为其推荐相关的图书资源。通过大数据技术，图书馆还可以了解每个用户的需求和喜好，从而为其提供个性化的服务。例如，根据用户的借阅记录和阅读习惯，向其推荐相关的图书资源和活动，以满足其特定的需求。再如，通过分析图书的借阅数据和归还时间，调整图书的采购策略和借阅规则，以提高图书的流通率和用户满意度。大数据技术在图书馆数据处理中具有广泛的应用前景和潜力。通过合理应用大数据技术，图书馆可以更好地了解用户的需求和行为，提供更个性化的服务，改进决策制定，但同时也要注意保护用户的隐私和数据安全。

在数据应用方面，通过大数据分析，图书馆可以更好地理解用户需求，优化资源配置，改进服务方式。例如，根据用户的阅读习惯和兴趣爱好，图书馆可以调整书籍的摆放位置，增强用户的借阅体验；根据用户的搜索记录和浏览历史，图书馆可以为其推荐相关的书籍和资料，提升用户的满意度。首先，图书馆可以利用大数据技术对数字资源进行整合。在大数据时代，图书馆的数字资源不断增多，为了给资源使用者提供更多的便利，需要对这些数字资源进行整合。在整合过程中，可对大数据技术进行合理应用。例如，进行数据抽取、清洗和转换，再将数据加载到平台中进行存储和分析。其次，图书馆可以利用大数据技术对读者借阅行为进行分析。通过对借阅情况、图书价格、读者和图书的分析，深入了解读者的借阅需求和习惯，为读者提供个性化的借阅服务。同时，这些分析结果可以帮助图书馆优化图书采购和库存管理，提高运营效率。最后，图书馆可以利用大数据技术优化服务质量。通过对读者反馈数据的分析，了解读者对图书馆服务的评价和需求，及时调整服务策略，全面提高服务质量，同时帮助图书馆优化空间布局、提高安全防范水平等。

对用户行为的分析主要包括阅读行为、互动行为及个人特征这三个方面。从阅读行为来说，对用户的借阅数据、搜索数据、浏览数据进行深入分析，可以了解用户的阅读偏好、阅读习惯等信息。例如，通过分析用户的借阅数据，了解哪些类型的书籍最受欢迎；通过分析用户的搜索数据和浏览数据，了解用户的阅读兴趣和阅读需求。从互动行为来说，除了阅读行为外，还可以通过分析用户的互动行为，更全面地了解用户的需求和偏好。例如，通过分析用户在图书馆网站上的点击行为和评论行为，了解用户对哪些方面的信息比较关注；通过分析用户参加图书馆活动的频次和活跃度，了解用户对活动的参与度和满意度。从个人特征来说，通过分析用户的个人信息和背景资料，了解用户的个人特征和需求。例如，通过分析用户的年龄、性别、职业等信息，了解不同群体用户的阅读需求和偏好；通过分析用户的学历、专业等信息，了解用户对学术资料的需求和偏好。

通过应用大数据技术对用户行为进行分析，可以帮助图书馆更好地了解用户需求和偏好，优化资源配置，提高服务质量。未来，随着大数据技术的发展和完善，相信其在图书馆中的应用也将更加广泛和深入。例如，利用人工智能技术对海量数据进行挖掘和精准分析，提高数据处理的效率和精度；利用物联网技术对图书馆内的设备进行智能化管理，提高设备的使用效率和便利性；利用区块链技术，建立去中心化的知识版权管理系统，在保护知识产权的同时，方便用户获取和使用资源。通过应用大数据技术对用户行为进行分析，图书馆将能够更好地满足用户的需求和期望，为推动人类文明的进步和发展作出更大的贡献。

二、预测性推荐系统

在图书馆中应用预测性推荐系统时，可以利用大数据技术来分析和预测读者的行为和需求。首先，需要收集图书馆中所有相关的数据，包括借阅记录、搜索历史、读者反馈等。然后，使用大数据分析技术对这些数据进行深入分析，以了解读者的阅读习惯、兴趣和需求。依据分析读者的借阅历史、搜索历史和浏览历史等数据，预测读者的阅读偏好和兴趣。如果一个读者经常借阅科幻小说，那么可以向其推荐更多科幻小说。在该系统应用中，协同过滤是一种常用的推荐算法，主要是通过分析大量读者的行为，找出具有相似兴趣的读者群体，然后将这些群体喜欢的书籍推荐给新读者。如果一个新读者经常与喜欢科幻小说的读者交流，那么可以向其推荐更多的科幻小说。

自然语言处理技术可以分析读者的反馈和评论，从而了解读者的需求和意见。如果一个读者在评论中，提到喜欢某个作者或某类书籍，那么可以向其推荐更多类似的作品。此外，机器学习和人工智能技术可以帮助系统自动学习和改进推荐算法，以提高推荐准确度，进而达到更好的推荐效果。例如，使用机器学习算法对读者的历史记录进行分析，以便预测未来借阅需求等。通过实时分析读者的行为和需求，系统能够实时生成个性化的推荐建议。例如，当读者在图书馆网站上搜索某本书时，系统可以立即向其推荐其他相关书籍或资源。

最后，需要建立一个反馈循环，以便收集读者的反馈和建议，然后根据这些反馈不断改进推荐系统。如果一个读者经常忽视系统推荐的书籍，那么可以调整推荐算法以更好地满足读者的需求。为了实现这个反馈循环，可以考虑以下几个步骤。第一，需要收集读者的反馈和建议，可以通过在线调查、评论、社交媒体等多种渠道，合理收集这些反馈信息。第二，需要对这些反馈进行分析，包括了解读者的喜好、需求和阅读习惯等信息。第三，根据分析结果，调整推荐算法，以更好地满足读者的需求。这可能涉及修改书籍的排序方式、增加或减少某些书籍的推荐频率等。第四，在改进算法之后，还需要进行测试，以验证改进是否有效。可以通过比较改进前后的推荐准确率、点击率等指标，来确定改进的效果。如果改进效果不理想，需要回到第二步重新分析反馈并调整算法；如果改进效果理想，可以继续收集读者的反馈，并重复这个循环。借助这个反馈循环，图书馆可以不断改进推荐系统，提高读者的满意度和忠诚度。

第三节　虚拟现实与数字化图书馆

随着科技的飞速发展，虚拟现实（VR）与数字化图书馆日益成为学术界的热门话题。这两种技术的结合，不仅可以提供更为丰富、生动的阅读体验，还可以拓展图书馆的服务模式，进而提高其运营效率。虚拟现实是一种模拟真实环境的技术，通过计算机生成的三维图像，使用户沉浸在一种仿真的环境中。数字化图书馆则是一种利用数字技术存储和传播信息的图书馆模式，用户能够通过网络或移动设备访问这些信息。

虚拟现实在数字化图书馆中的应用有很多，如虚拟展览、虚拟阅读、虚拟学习等，如今许多图书馆利用 VR 技术，在线展示藏品或历史文物。用户可以通过头戴式显示器参观展览，甚至可以放大观察藏品的细节，给用户带来身临其境的感受。或者是通过将书籍转化为数字格式，并使用 VR 技术进行阅读，用户可以在一个仿真的环境中进行沉浸式阅读，加深理解和记忆。此外，图书馆可以提供各种虚拟学习资源，如在线讲座、虚拟实验室等，用户可以通过 VR 技术进行自主学习和研究。

虚拟现实和数字化图书馆的结合，为学术界提供了无限的可能。然而，为了充分发挥这种技术的潜力，需要解决现有的挑战，如技术成本、用户接受度以及版权和信息安全等问题。随着科技的发展，未来的图书馆将更加智能、高效且充满魅力。

一、虚拟馆藏参观

随着科技的发展和数字化的推进，人们的生活、工作甚至思维方式，都在发生着深刻的变化。在这个过程中，虚拟馆藏参观应运而生，并以全新的方式，让参观者随时随地深入体验各种文化藏品，使文化的传播与普及得到了更广泛的延伸。

传统的博物馆参观方式，虽然可以让人们目睹各种珍贵的文物，但受空间、时间等因素限制，许多人无法亲自前往参观。而虚拟馆藏参观通过数字技术，打破了时空限制，参观者可以在家中就能深入体验世界各地的博物馆和文化遗产。虚拟馆藏参观不仅提供了丰富的信息，还打破了时空限制，参观者可以随时随地参观。同时，参观者可以根据自己的兴趣和需求，自由选择参观的博物馆和文化遗产，更加灵活方便。此外，虚拟馆藏参观可以提供更加深入的体验，比如通过 3D 技术，将文物的细节展现得更加逼真，参观者能够更加深入地了解文物的历史和文化背景。未来，虚拟馆藏参观将越来越普及，为更多的人提供更加优质的参观体验。同时，会有更多的数字技术应用于博物馆领域，让文化遗产得到更好的保护和传承。

虚拟馆藏参观的应用主要包含两大部分。一是增强现实（AR）与虚拟现实（VR）技术的应用。虚拟馆藏参观通过 AR 和 VR 技术，将参观者带入一个全新的数字世界。参观者可以全方位、多角度地观察文物，甚至可以对文物进行互动，深入了解文物的历史背景和制作工艺。虚拟馆藏参观是一种创新的数字化体验，通过先进的 AR 和 VR 技术，将参观者带入一个充满无限可能的数字世界。在这个全新的世界，参观者可以自由探索、发现和学习，实现前所未有的互动和交流。参观者进入虚拟馆藏参观的世界时，仿佛置身于一个充满历史气息的博物馆，参观者可以在展厅中漫步，欣赏各种精美的文物和艺术品。在虚拟馆藏参观的世界里，参观者可以亲手操作一些互动展示，例如旋转、放大或缩小文物模型，甚至模拟文物的制作过程。这些互动操作不仅增强了参观的趣味性，还让参观者更深入地了解文物的历史和文化价值。此外，虚拟馆藏参观还参观者提供了丰富的背景资料和学习资源。通过 VR 技术，参观者可以身临其境地体验古代文明、历史事件和人物故事。这些资源不仅让参观者更全面地了解文物的历史和文化背景，还激发了参观者的学习兴趣和探索欲望。虚拟馆藏参观最明显的优势在于能够打破时间和空间的限制，让参观者随时随地访问和探索博物馆的展品。同时，也为博物馆提供了一个展示和保护珍贵文物的机会，让更多人欣赏和学习人类历史文化的瑰宝。

二是人工智能（AI）的辅助。AI 技术在虚拟馆藏参观中发挥着重要的作用，可以根据参观者的兴趣和需求，为参观者提供智能导览。同时，AI 可以通过学习参观者的行为模式，不断优化参观体验。参观者进入虚拟展馆时，AI 技术可以自动识别参观者的兴趣和需求，并推荐相关的展品。这种智能导览功能，不仅为参观者提供了个性化的参观体验，还可以帮助其更好地了解展品，提高参观质量。AI 技术还可以通过分析参观者的行为，不断优化参观体验。例如，AI 可以通过分析参观者在展品前的停留时间、浏览轨迹等数据，了解参观者的兴趣和需求，并根据这些数据推荐更符合参观者品味的展品。这种个性化推荐，不仅可以让参观者更好地了解展品，还可以提高参观者的参与度。

虚拟馆藏参观的优势主要在于其便捷性、灵活性和互动性。无论身处何地，只要有网络连接，参观者都可以随时随地参观虚拟博物馆。同时，虚拟博物馆可以提供更为丰富、多元化的展示方式，使参观者获得更深入的体验。然而，虚拟馆藏参观也面临着一些挑战。首先，技术的稳定性与成熟度，对用户体验有着重要影响。如果技术出现问题，出现网络延迟、画面卡顿等情况，会严重影响参观者的体验。其次，虚拟馆藏参观缺乏实体博物馆中的触觉、嗅觉等感官体验，这使得参观者与文物的联系不够紧密。最后，网络安全问题是虚拟馆藏参观面临的一大挑战，如何保障数据安全、防止信息泄露是需要解决的重要问题。

虽然虚拟馆藏参观面临着一些挑战，但随着技术的不断进步与发展，虚拟馆藏变得越来越成熟、越来越完善。未来，虚拟馆藏参观能够实现更为真实的感官体验，提供更为智能的导览服务、以及更为丰富的互动体验。同时，虚拟馆藏参观能够与实体博物馆形成更为紧密的结合，共同推动文化的传播与发展。总而言之，虚拟馆藏参观是数字化时代一种创新的文化传播方式，突破了传统的参观模式，为参观者提供了更为便捷、灵活和深入的体验。虽然目前还面临着一些挑战，但随着技术的不断进步，虚拟馆藏参观将在未来的文化传播中发挥越来越重要的作用。

二、数字化馆藏的呈现方式

科技飞速发展的影响，使得图书馆的运营模式也在不断进步和优化。其中，最为显著的变化就是图书馆数字化馆藏的展现方式。这是一种创新的服务模式，旨在更好地利用和呈现图书馆的馆藏资源，提升读者的阅读体验。信息时代，数字化馆藏已经成为图书馆发展的必然趋势。首先，数字化馆藏可以有效保护和保存珍贵的文献资源。传统的纸质书籍容易受时间和环境的影响，而数字化可以将这些珍贵的文献资源转化为电子格式，并实现永久保存。其次，数字化馆藏可以极大提高馆藏资源的利用率。通过数字化，读者可以在任何时间、任何地点访问图书馆的资源，且不再受时间和地点的限制。最后，数字化馆藏可以提升读者的阅读体验。电子设备可以提供丰富的阅读功能，如字体调整、背景光调整、阅读模式选择等，为读者提供更加舒适的阅读体验。

　　数字化馆藏的呈现方式有很多，常见的有电子书阅读器。这是最常见的数字化馆藏呈现方式之一。读者可以通过电子书阅读器访问图书馆的电子书籍资源，实现便捷的阅读。现在市面上的电子书阅读器种类繁多，如Kindle、Nook 等。电子书阅读器的优势在于其便捷性和便携性，读者可以在家中、图书馆或咖啡厅等任何地方阅读电子书，不受地点约束。此外，电子书阅读器可以自动保存读者的阅读进度，方便读者随时阅读。除了便捷性和便携性，电子书阅读器还具有一些其他优势。例如，电子书阅读器可以同时存储多本书籍，方便读者随时切换阅读；读者可以通过电子书阅读器，搜索图书馆的电子书籍资源，快速找到自己需要的书籍；电子书阅读器可以支持高清晰度的电子书格式，提供更加舒适的阅读体验。虽然电子书阅读器的种类繁多，但不同的电子书阅读器在功能、性能和使用体验上存在差异。因此，图书馆在选择电子书阅读器时，需综合考虑到读者的需求和偏好以及自身的预算和技术支持能力等因素。同时，图书馆也需要考虑电子书籍资源的版权问题，确保合法使用，以保护图书馆的资源。

　　在线图书馆也是数字化馆藏的呈现方式之一。通过建立在线图书馆，图书馆可以将大量的书籍和期刊资源数字化，并在平台上进行分类和整理。读者可以通过电脑或移动设备访问在线图书馆，进行在线阅读或下载书籍。图书馆的在线平台可以增加互动性，让读者更加便捷地获取信息。读者可以在平台上搜索关键词，查找自己需要的书籍和期刊，并且可以在线阅读部分或全部内容。此外，在线图书馆可以提供个性化推荐服务，根据读者的阅读历史和偏好，推荐相关的书籍和期刊，帮助读者更好地发现和阅读优质资源。除了数字化资源，在线图书馆还可以提供一些传统图书馆无法提供的特色服务。例如，读者可以在平台上，及时查看图书馆的藏书情况和借阅情况，还可以进行在线预订和借阅。此外，在线图书馆还可以提供一些拓展性的服务，例如作者讲座视频、课程资料、数字史书等，为读者提供更加丰富多样的学习资源。通过建立在线图书馆平台，图书馆不仅可以提高资源的利用率，还可以为读者提供更加便捷、个性化的服务。在未来，随着技术的不断进步和读者需求的变化，图书馆的在线平台也将不断升级和完善，为读者带来更加优质的服务体验。

图书馆 App 是图书馆数字化服务的另一种呈现方式。通过图书馆 App，读者可以随时随地访问图书馆的电子资源，实现移动阅读。同时，App 还可以提供其他服务，如图书预约、图书查询、活动预约等。图书馆 App 是现代数字化生活的重要部分，它不仅为读者提供了便捷的阅读方式，还拓展了读者的阅读空间。读者无论身处何地，只要手机在手，就可以通过图书馆 App 随时随地访问图书馆的电子资源，享受阅读的乐趣。图书馆 App 还可以帮助读者更好地了解图书馆的各种资源和服务。读者可以通过 App 进行图书预约、查询和借阅，了解自己的借阅情况，方便快捷地完成图书的归还和续借。此外，图书馆 App 可以为读者提供各种活动预约服务，如讲座、展览等，使读者及时获取各种文化活动的信息，更好地参与各种文化活动。图书馆 App 的出现，不仅实现了图书馆资源的移动化、数字化，还使得图书馆服务更加便捷、高效、个性化。这种新型的服务方式将图书馆推向了数字化时代，为读者提供了更加全面、便捷的阅读体验。

除了文字资源，图书馆还可以将音乐、电影、图片等多媒体素材进行数字化处理，并在专属的平台上呈现给读者。图书馆可以为读者提供各种在线学习工具和资源，例如在线课程、讲座、电子书等，以及与各种领域相关的学术资料和研究资源。此外，图书馆可以与学校和其他机构合作，提供一些特别的服务，例如为学生提供论文指导和帮助，为研究人员提供数据分析和咨询服务等。图书馆的数字化转化和专门平台的呈现，可以使读者随时随地访问和使用这些资源。此外，图书馆可以通过这些资源，为读者提供更广泛的学习和娱乐选择，充分满足读者的多元化需求。通过将各种资源数字化处理并提供专门的平台，图书馆可以更好地满足读者的需求，并为读者提供更全面、更便捷的服务。这些数字化资源还可以帮助图书馆更好地保存和保护文化遗产，为未来的读者留下更丰富的历史遗产。

　　数字化馆藏的服务模式主要包括自助服务模式、人工服务模式两种形式。在自助服务模式中，读者可以通过自助服务系统，自主查询、下载、阅读图书馆的电子资源。这种服务模式可以节省人力成本，提高服务效率。读者可以在自助服务模式中自行探索并利用图书馆的电子资源，无需他人的帮助。这种服务模式还可以让读者更加自由地选择自己需要的信息资源，从而更好地满足自身的需求。通过自助服务系统，读者可以轻松地查询、下载和阅读图书馆的电子资源，随时随地获得所需的信息。这种服务模式不仅方便了读者，还提高了图书馆的数字化水平，促使图书馆更好地适应数字化时代的需求。此外，自助服务模式可以加强读者与图书馆之间的互动。读者可以通过自助服务系统，向图书馆提出反馈和建议，图书馆可以根据读者的反馈和建议进行改进，从而提供更好的服务。这种互动不仅可以增强读者对图书馆的归属感，还可以促进图书馆的不断发展。

　　人工服务模式是另外一种服务模式，图书管理员可以为读者提供专业的咨询和服务，帮助读者更好地利用数字化馆藏资源。同时，图书管理员可以对数字化馆藏资源进行整理和优化，提高资源的利用率。人工服务模式还能够帮助读者更好地理解图书馆的各项服务和使用技巧。例如，图书管理员可以向读者介绍图书馆的目录系统、检索技巧、借阅方法等，使读者更加熟悉图书馆的各项服务。同时，图书管理员可以为读者提供阅读推荐和个性化服务，帮助读者更好地选择适合自己的书籍和资料。人工服务模式可以为图书管理员提供反馈和建议，帮助图书管理员更好地了解读者的需求和意见，从而改进和完善图书馆的服务。例如，图书管理员可以根据读者的反馈和建议，对数字化馆藏资源进行进一步优化和更新，提高资源的利用率和满意度。因此，人工服务模式也是一种非常有价值的数字化馆藏资源服务模式，能够为读者提供更加全面、专业、个性化的服务，提

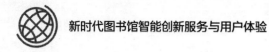

高数字化馆藏资源的利用率。

　　图书馆数字化馆藏的呈现方式和服务模式是图书馆发展的重要趋势。依托数字化馆藏资源的呈现和服务模式的创新，能够有效提高图书馆的服务质量和效率，满足读者的多元化需求。未来，随着技术的不断进步和读者需求的变化，图书馆的数字化服务还将继续发展和优化。

第三章 智能化服务对用户体验的影响

受互联网日益普及的影响，图书馆正面临前所未有的挑战，也迎来了新的机遇。传统的图书馆模式已经无法满足现代读者的多样化需求，因此，智能化服务应运而生。智能化服务是在图书馆运营过程中，借助现代信息技术，如人工智能、大数据、云计算等，实现图书馆的数字化、网络化、自动化和智能化，主要包括自助服务、智能推荐、个性化定制等方面，旨在提高图书馆的服务质量和效率，满足读者的多元化需求。

智能化服务对用户体验的影响，主要包括以下四个方面。一是提高服务效率。通过智能化服务，图书馆可以实现自助借阅、自助缴费等功能，大大减少了读者的等待时间，提高了服务效率。同时，读者可以通过图书馆的官方网站或移动客户端，进行线上预约、查询等操作，节省了到馆的时间和精力。二是提升服务质量。智能化服务可以根据读者的阅读历史、兴趣爱好等数据，进行智能推荐和个性化定制，为读者提供更加精准的服务。同时，通过大数据分析，图书馆可以了解读者的阅读需求和趋势，从而及时更新和优化馆藏资源，提高服务质量。三是增强互动性。智能化服务可以通过线上平台和读者进行互动，及时解答读者的疑问，收集读者的反馈和建议，加强了与读者的互动性。这种互动性的增强，不仅有助于提高读者的满意度，也有助于图书馆改进服务。四是促进数字化转型。随着互联网的普及和信息技术的发展，图书馆必须进行数字化转型，以适应时代的需求，智能化服务是图书馆数字化转型的关键途径，可以帮助图书馆实现资源的数字化、服务的网络化、管理的自动化和智能化。

智能化服务对图书馆的用户体验产生了深远的影响，不仅提高了服务效率，提升了服务质量，增强了互动性，还促进了数字化转型。然而，智能化服务在为图书馆带来便利的同时，也对其提出了新的挑战，如数据安全、隐私保护等问题。因此，在未来的发展中，图书馆需要在利用智能化服务提高用户体验的同时，也要重视这些问题并采取相应的措施。展望未来，随着人工智能、大数据等技术的不断发展和完善，智能化服务将在图书馆领域发挥更加重要的作用。未来的图书馆能够借助智能化服务的力量，为读者提供更加优质、便捷的服务，满足读者的多元化需求，并实现可持续的发展。

第一节　个性化服务与用户满意度

对图书馆来说，个性化服务与用户满意度，能够带来许多积极的影响。比如在个性化推荐服务中，通过收集和分析用户的借阅历史、搜索记录和其他行为，图书馆可以向读者推荐更具个性化的书籍和主题。这种服务可以帮助用户发现自己可能感兴趣的新书籍和主题，进而提升读者的阅读体验。在定制化服务中，根据用户需求和偏好，图书馆可以提供定制化服务，例如为特定群体提供专门的主题资料，或者为研究人员提供与其研究领域相关的资源。通过自然语言处理技术，图书馆可以开发智能问答系统，帮助用户快速找到相关问题及答案。这种服务可以提高用户对图书馆的信任度，并进一步增强读者的满意度。通过机器学习和图像识别技术，图书馆可以开发自动排架系统，帮助图书馆员工更有效地管理书籍，同时提高用户查找书籍的效率。通过移动应用程序，图书馆可以提供移动图书馆服务，使用户可以在任何时间、任何地点访问图书馆的资源。这种服务可以为用户提供便利，进一步提高读者的满意度。图书馆可以通过分析用户的行为数据，了解用户的需求和偏好，从而改进自身的服务帮助图书馆更好地满足用户的需求。这些服务既可以通过技术手段实现，也可以通过优化现有的服务流程来实现。同时，图书馆应高度重视保护用户的隐私权，以确保读者的数据安全和隐私。

一、个性化信息推送

图书馆中的个性化信息推送是一种利用现代技术提升读者服务体验的方式。通过分析读者的借阅历史、阅读偏好和借阅需求，图书馆可以向读者推送个性化的图书和相关信息。如包括电子图书推荐、新书推荐、热门图书推荐等，以帮助读者更快速、更准确地找到读者感兴趣的书籍。

图书馆的个性化信息推送通常会采用以下几种方式。一是手机推送。读者借书成功后，图书馆可以通过手机短信、微信公众号等方式，向读者推送与所借图书相关的电子图书。这些电子图书通常会根据读者的阅读偏好和借阅历史进行推荐，以提供更加个性化的阅读体验。图书馆可以利用人工智能技术，根据读者的借阅历史、阅读偏好、年龄性别等信息，推荐其可能感兴趣的图书，诸如如新书推荐、热门图书推荐、相关主题图书推荐等，从而帮助读者发现更多符合自己兴趣的图书。图书馆可以开发语音搜索功能，让读者通过语音输入来搜索图书。这种搜索方式能够更加方便快捷地找到读者需要的图书，尤其适用于那些需要快速查找信息的读者。除此之外图书馆还可以利用物联网技术和人工智能算法，实现图书的智能管理。这种排架方式可以更加高效地管理图书，减少人工错误，同时提高读者的查找效率，让读者更快地找到自己需要的图书。图书馆可以为每本图书添加智能标签，包括主题标签、作者标签、出版社标签等。这些标签可以帮助读者更加方便地查找和筛选图书，提高图书馆的管理效率，便于图书管理员进行图书的分类和检索。

二是电子阅读器推送。一些图书馆提供了电子阅读器服务，读者可以在电子阅读器上扫描二维码或使用其他识别技术来借阅电子图书。借阅成功后，图书馆可以向读者推送与所借图书相关的电子图书，以便读者在电子阅读器上进行阅读。除此之外，一些图书馆还提供了更加现代化的服务，例如移动图书馆和在线图书馆。移动图书馆通常由图书馆工作人员进行指导，为读者提供上门服务，包括借阅图书、归还图书、预约图书等；在线图书馆则通过互联网提供图书借阅服务，读者可以在家中或办公室通过图书馆网站借阅图书，并在指定时间内到图书馆归还或寄送归还。在图书馆的数字化方面，一些图书馆提供了数字图书馆服务，其中包括电子图书、电子期刊、数字资源等。读者可以通过图书馆网站或移动应用程序访问这些数字资源，并在线阅读、下载或打印。此外，一些图书馆还提供了数字化修复服务，将古老的文献和手稿进行数字化处理，以便于更好地保存和保护这些珍贵文献。在提升读者的阅读体验方面，一些图书馆还提供了阅读空间和阅读辅助工具。阅读空间通常提供舒适的座位，还有照明、空调等设施，以便读者在舒适的环境中阅读。阅读辅助工具包括放大镜、助听器、阅读指南等，以帮助读者更好地阅读和理解图书内容。现代图书馆提供了多种多样的服务，包括数字化服务、移动服务、在线服务等，这些服务的使用方法简单，读者只需通过简单的操作，即可借阅图书、获取数字化资源、使用阅读辅助工具等。

三是图书馆网站推送。图书馆的官方网站通常会提供在线图书检索和借阅服务。读者成功借阅书籍后，图书馆可以在网站上向读者推送与所借图书相关的电子图书推荐和相关信息。读者可以在网站上查看推荐图书的详细信息，并选择自己感兴趣的图书进行在线阅读或下载。除此之外，图书馆的官方网站还提供了一系列方便读者的服务。例如，读者可以通过网站进行在线咨询，向图书管理员寻求帮助或建议。网站提供了详细的图书馆目录和借阅规则，便于读者了解和利用图书馆资源。为了更好地满足读者需求，图书馆的官方网站还不断更新和改进其服务。例如，近期图书馆推出了一项新的功能，读者可以在网站上查看和管理自己的借阅历史记录。通过这个功能，读者可以轻松地查看自己已经借阅的书籍列表，了解自己的借阅情况和还书时间。此外，读者还可以通过这个功能对已经借阅的书籍进行标记和备注，以便更好地管理和利用自己的借阅历史记录。图书馆的官方网站是读者获取图书信息和借阅服务的重要途径，借助网站上的在线图书检索和借阅服务，读者可以更加方便快捷地获取所需的图书资源。

二、用户满意度调查与评估

图书馆用户满意度调查和评估是一项重要的工作，可以帮助图书馆了解用户的需求和期望，进一步改进服务质量，进而提高用户满意度。首先，要确定调研目标。明确调研的目的和需要了解的内容，例如评估用户对图书馆服务、设施、资源等方面的满意度，或者了解用户需求和期望。其次要设计调研问卷。根据调研目标，设计一份符合需求的调研问卷。问卷应涵盖相关的主题和问题，覆盖调研内容的各个方面，并提供多种回答选项，以及开放性问题以收集用户的意见和建议。在确定调研样本时，需要明确参与调研的样本群体，可以是图书馆的各类用户，如学生、教师、研究人员、社区居民等，确保样本能够代表整体用户群体，并在样本选择上采用随机抽样或者其他合适的方法。可通过在线调查、纸质问卷、面访等方式，向选定的样本群体发放调研问卷，并收集他们的回答和意见。同时，确保调研过程中的数据收集和信息保密。在进行数据分析和结果呈现时，首先对收集的数据进行统计和分析，利用合适的数据分析工具和方法，生成相关的统计报告、图表或可视化结果。其次，将调研结果写成报告，包括调研目的、方法、样本选择、数据分析结果、结论和建议等。最后再发布和分享报告，将报告发布到图书馆网站或者其他适当的渠道，让更多的人了解和利用这些数据，也可以与其他图书馆分享这些数据，以便人们进行比较和分析。只有通过科学的设计和实施，才能获得更加准确和有价值的数据，为图书馆的发展提供有力的支持。

以某大型公共图书馆为例，为提高服务质量，了解用户需求和满意度，决定进行一次全面的用户满意度调查。该图书馆拥有丰富的馆藏资源，涵盖文学、艺术、科技、历史等多个领域，服务人群广泛。此次调查旨在收集用户对图书馆的各项服务、设施、环境等方面的反馈，以便进行改进。调查方法包括问卷调查、访谈调查和数据分析。首先，图书馆设计了一份详细的问卷，包括用户的基本信息，对图书馆的资源、设施、服务等方面的评价和建议。通过线上、线下两种方式广泛发放问卷，邀请用户参与调查。针对部分特定用户群体，图书馆采取访谈的方式，了解用户群体的阅读需求、对图书馆的期望等。访谈对象包括长期借阅图书的资深读者、青少年学生、残障人士等。最后对收集到的数据进行整理和分析，以量化指标反映用户对图书馆的满意度和需求。

调查内容和结果显示，大部分用户表示图书馆的资源丰富，能够满足自身的阅读需求。但也有部分用户建议增加一些新兴领域的书籍，如时尚、健康等。用户对图书馆的硬件设施给予了较高评价，如明亮的空间、舒适的座椅等，但也提到了一些改进意见，如扩大免费 wi-Fi 覆盖范围，优化电脑运行速度等。用户对图书管理员的服务态度和专业技能给予了肯定，部分用户提出希望增加更多的活动和讲座，以满足不同人群的需求。多数用户认为图书馆是一个安静、适合学习的地方，但也有用户建议增加一些休闲区域，方便用户在阅读间隙休息。大部分用户希望图书馆能够增加更多的数字化资源，方便远程访问和学习。同时，也有部分用户建议增加残障人士专用设施，提高无障碍通行水平。

根据调查结果，图书馆对资源、设施、服务等方面制定了一系列改进措施。例如，加大对新兴领域书籍的采购力度，满足不同读者的阅读需求；升级硬件设施，加快网络速度，全面提升用户使用体验；定期举办各类讲座和活动，丰富用户的文化生活；增加休闲区域，为用户提供更加舒适的阅读环境；开发数字化资源库，方便用户远程访问和学习；增设残障人士专用设施，提高无障碍通行水平。

通过本次用户满意度调查与评估，图书馆更加深入地了解了用户的需求和期望，为今后的改进提供了有力的依据。相信在全体员工的共同努力下，图书馆将为用户提供更加优质的服务和舒适的阅读环境。同时，图书馆将继续关注用户需求的变化，适时调整服务策略，以满足不同时期读者的需求。

第二节 互动式学习空间设计

随着信息时代的来临，图书馆已不再仅仅是借阅图书的地方，还成为了一个集学习、交流、创新、实践于一体的综合性知识服务平台。尤其在高等教育环境中，图书馆经常被视为学术研究和学习中心。为了更好地满足现代学习的需求，图书馆的设计和布局需要不断地更新和改进。互动式学习空间，便是这样一个应运而生的创新设计。

互动式学习空间强调的是互动、交流与创新，其旨在提供一个灵活、开放、富有创造力的环境，以鼓励学生进行合作、交流，开展以问题为导向的学习。这个空间的设计应注重灵活性、互动性及舒适性等方面。首先，空间设计应能适应不同的学习风格和需求，比如独立学习、小组讨论、项目合作等。通过设计促进师生之间、学生之间的互动与交流，如，设置讨论室、互动展示区等，将现代技术如信息技术、多媒体技术等整合到学习空间中，以支持创新学习和研究。此外，空间的舒适度和宜人性，对于提高学习效率和质量到头重要，可以设置休息区，以提高图书馆的舒适度。

互动式学习空间的布局和设施也很重要。在开放式阅读区中，图书馆需要提供大量的阅读空间和舒适的阅读环境，同时配置先进的图书检索和借阅系统，方便学生查阅图书。此外，图书馆可以提供一些附加服务，如打印和复印服务、免费 wi-Fi 等，以进一步吸引学生前来阅读。例如，在开放式阅读区中，图书馆应该提供足够的座位和灯光照明，以确保学生适宜舒适地进行阅读。图收馆可以定期举办一些活动，如作家讲座等，以进一步增强学生的阅读兴趣和参与度。在开放式阅读区中，图书馆应该营造一个安静、温馨的阅读氛围，让学生专注于阅读，享受阅读的乐趣。再如，在小组讨论区中，可以通过设置可移动的桌椅，以便学生进行小组讨论。同时，配置小型展示板、白板等，以便学生展示和分享自己的学习成果。图书馆还可以在小组讨论区设置一些可移动的储物柜，以便学生存放个人物品，同时，可摆设一些可移动的植物，让整个小组讨论区更加温馨和舒适。为了更好地支持学生进行小组讨论，还可以在讨论区设置一些可移动的隔断，方便学生们根据自己的需要，合理调整讨论区的布局。通过在讨论区设置一些可移动的电源插座，便于学生使用电子设备来展示和分享学习成果。

图书馆的互动式学习空间设计，还需要从多个方面入手，包括空间布局、色彩搭配、家具选材、信息空间设计等。从空间布局来看，其空间布局要合理，针对不同年龄、不同兴趣的读者群体，设置不同的阅读区域。比如，可以设置一些轻松活泼的阅读区，适合青少年读者；设置一些安静、舒适的阅读区，适合成年读者；设置一些开放式的阅读区，方便团体或机构进行交流和讨论。从色彩搭配来看，色彩搭配要温暖、柔和，以营造一个舒适、愉悦的阅读环境。淡雅的米白色、浅灰色等都是常用的色彩搭配；同时，在某些区域也可以通过增加一些局部的装饰色彩，增强空间的识别性和趣味性。从家具选材来看，家具选材要考虑读者的身体舒适度和使用体验。需选择质量好的材料，以保证家具的使用寿命和稳定性；根据不同的阅读区域和功能需求，选择不同类型的家具。比如，对于青少年阅读区，可以选择一些活泼、灵动的家具；对于成年阅读区，可以选择一些简约、大气的家具。从信息空间设计来看，信息空间区域是指借书和阅览的学习空间，是一个可供读者安静阅读和研究的场所。因此，信息空间设计要满足读者获取信息的需求，同时要符合美学原则的空间结构。

　　从创造交往的中介场所来看，现代图书馆的功能特征之一是促进文化交流。因此，图书馆的空间设计应创造一个交往的中介场所，使人们在图书馆中交流信息、共享知识和经验。这可以通过设置公共空间区域来实现，如大厅、读书沙龙、休闲区等。从灵活性设计来看，为了满足不同读者的需求和变化，图书馆的空间设计应具备灵活性。这可以采用可移动的隔板、可调节的灯光、可变化的装饰等方式来实现。从艺术化设计来看，图书馆不仅是学习的场所，也是文化交流的场所。因此，图书馆的空间设计应融入一定的艺术性，使读者在获取知识的同时也感受到艺术的美感。这可以通过摆放艺术品、装饰墙面等方式来实现。从技术支持方面来看，为了满足现代图书馆的功能需求，技术支持也是必不可少的。比如提供计算机、网络等设备，以便读者获取数字资源。从人性化服务来看，图书馆不仅是书籍的聚集地，也是人们交流、学习、放松的场所。因此，图书馆应当提供人性化服务，以满足读者的各种需求。这包括提供舒适的座位、免费的茶水、打印复印服务等。从环保角度来看，图书馆也应当注重环保，通过采用环保材料、节能设备等措施来减少对环境的影响。从多功能性来看，现代图书馆已经不再是单一的借阅图书的地方，而是集学习、交流、创新于一体的多功能场所。因此，图书馆的空间设计应当具备多功能性，以满足读者的各种需求，比如设置独立的研讨室、电脑区、儿童阅读区等。

　　在落实这些设计理念时，图书馆需要与专业的设计团队和科技公司合作，共同打造一个既美观又实用的空间。设计团队可以帮助图书馆实现艺术化设计和人性化服务，科技公司可以帮助图书馆实现技术支持和环保建设。通过与合作伙伴的合作，图书馆能够更好地为读者服务，成为一个既有知识又有温度的地方。因此，图书馆的互动式学习空间设计需要从多个方面入手，涵盖空间布局、色彩搭配、家具选材、信息空间设计等。同时也要考虑读者的需求和变化，使图书馆的空间设计具备互动性、灵活性、艺术性等多元化特点，以满足读者的学习需求和文化交流需求。

一、创新的学习环境设计

图书馆创新的学习环境设计可以吸引并维护读者，使更多的读者进入图书馆，同时提高学生的学习积极性和效率。营造一个舒适、富有活力的学习氛围，能够促进学生的学习和创新思维发展。通过合理的布局和空间规划，这种创新的学习环境设计，能让学生和读者能够有序地进行阅读和研究，提高效率和学习效果。现代图书馆不仅提供藏书和阅览服务，还包括学术讲座、展览、会议等多种功能。因此，图书馆设计需要考虑不同需求的灵活性和可变性，以适应各类学习和活动需要。同样，图书馆作为学术研究和知识传播中心，需要为学者和读者提供进行研究和学习的理想场所。创新的学习环境设计能够促进学术交流与合作，进一步推动知识创新。图书馆是高校或城市的文化名片，创新的学习环境设计可以帮助其塑造品牌形象，进而提升文化软实力。因此，通过创新的学习环境设计，图书馆可以引导读者培养自主学习和终身学习的习惯，提高读者的综合素质，同时能辅助学校教育，帮助学校实现教育目标，提高学生的综合素质。

图书馆可以通过以下方式，来进行创新的学习环境设计。

一是空间设计。图书馆可以重新考虑空间布局，以促进创新和合作。例如，打造专门的学习区域、讨论室、创客空间和合作空间，供学生、教师和研究者进行小组讨论、项目合作和思想交流。此外，图书馆可以引入更多技术来增强学习和研究体验。例如，可以提供先进的多媒体设备、电子资源和在线学习平台，以便学生、教师和研究者更轻松地获取所需的信息和资源，并更好地分析和处理数据。图书管理员的角色也需要发生变化，图书管理员需要具备更多的技术和专业知识，以提供更好的咨询和指导服务，同时需要更好地理解和满足学生、教师和研究者的多样化需求，以提供更个性化的服务和建议。图书馆需要更加开放和包容，并鼓励不同背景、信仰和文化之间的交流和合作。只有这样，图书馆才能真正成为促进创新和合作的场所，为学术界和社区作出更大的贡献。

二是进行技术整合。利用现代技术，如虚拟现实（VR）、增强现实（AR）和人工智能（AI）等，将技术合理融入学习。例如，可以引入智能机器人助手来帮助学生和教师解答问题，或者使用虚拟现实技术来模拟实验和场景。在语言学习中，智能语音助手可以帮助学习者提高发音和口语表达能力，通过智能语音助手，学习者可以随时随地与虚拟老师进行对话练习，从而提高自己的语言水平。同时，智能语音助手可以根据学习者的发音和语调进行反馈和纠正，让学习者更加准确地掌握语言。另外，虚拟现实技术可以用于学习。例如，在科学实验中，虚拟现实技术可以模拟复杂的实验环境和实验过程，让学习者更加直观地了解实验原理和操作方法。同时，虚拟现实技术还可以模拟历史场景和文化遗产，使学习者更加深入地了解历史和文化。除此之外，人工智能还可以帮助学习者更好地管理自己的学习时间和任务。通过人工智能学习助手，学习者可以制定自己的学习计划和任务清单，合理安排自己的学习时间。同时，人工智能学习助手可以根据学习者的学习情况和反馈，进行智能推荐和调整，使学习者更加高效地完成学习任务。

三是提供多元化学习资源。除了传统的书籍和期刊，图书馆可以提供多元化的学习资源，如在线课程、研讨会、电子图书和数据库等。这样可以满足不同学习者的需求，并提高他们的学习效率。现在的图书馆已经不再是传统的藏书楼，已经与互联网紧密相连，成为多元化的学习资源中心。无论是专业的研究者，还是普通的读者，都可以在图书馆里找到自己需要的资料和信息。尤其是那些需要深入学习的读者，图书馆提供的在线课程和研讨会是一个极好的选择。这些在线课程和研讨会，通常由知名的教授和专家主讲，内容涵盖各个领域。学习者可以根据自己的时间和地点进行学习，并可以通过互动和讨论加深对知识的理解和掌握。同样，对于那些喜欢阅读的人，图书馆的电子图书和数据库也是非常有用的资源。这些电子资源通常包括各种类型的文献，如学术论文、研究报告、期刊文章、小说和诗歌等。读者可以通过搜索和筛选，找到自己感兴趣的书籍或文章进行阅读。此外，图书馆还提供了许多其他的服务和学习资源，如多媒体资源、在线参考工具、学术搜索引擎等。这些资源和服务，旨在为读者提供更好的学习和阅读体验，帮助其更好地掌握知识和技能。现代图书馆已经成为人们学习的重要场所，通过提供多元化的学习资源和优质的服务，满足了不同读者的需求，提高了阅读效率。

四是个性化的学习体验。通过数据分析和人工智能技术，图书馆可以提供个性化的学习建议和资源推荐。例如，可以根据学生的学习习惯和成绩表现，推荐适合学生的学习资源和方法。通过分析学生的学习历史和当前的学习状态，图书馆可以预测学生的需求和问题，并提供相应的帮助和建议。另外，图书馆可以通过人工智能技术，自动化处理一些烦琐的工作，例如图书借阅和归还、文献检索等。这不仅可以提高图书馆的工作效率，还可以为学生提供更便捷的借阅和查询服务。

五是营造学习社区。图书馆应定期举办学术讲座、研讨会等活动，以促进学术交流和知识分享。图书馆可以建立在线社区平台，以便学生、教师和研究者随时交流和分享信息。除此之外，图书馆还可以提供学术资料和数据库的订阅服务，以便用户及时获取最新的学术研究成果和资料。通过定期组织读书会和阅读分享会，促进读者之间的交流和互动。在数字化时代，图书馆需要适应新的变化，大力推进数字化建设。例如，可以建立数字化资源库，提供电子书籍、期刊、报纸等数字化资源，以满足用户在不同场景下的阅读需求。同时，图书馆可以提供数字化服务，例如文献检索、论文查重、知识产权查询等，以帮助用户更好地获取和使用学术资源。图书馆作为学术交流和知识分享的重要场所，需不断适应新的变化和需求，持续加强自身建设和服务，以更好地满足用户需求。

六是可持续性和环保。图书馆可以在设计和材料选择上考虑环保和可持续性。例如，使用可再生材料、节能设备和绿色建筑技术等。这不仅可以减少对环境的影响，还有助于培养学习者的环保意识。图书馆可以在书籍采购和资源利用方面贯彻环保理念。例如，优先采购那些使用环保材料印刷的书籍，以及那些在资源利用方面注重环保的出版社的书籍。图书馆可以引导学习者充分利用数字资源，减少纸质书籍的借阅，进而降低资源消耗和环境污染。在员工培训方面，图书馆可以培训员工如何节约能源、减少浪费和保护环境。例如，培训员工如何正确使用空调和照明设备，如何分类和回收垃圾，以及如何节约用水。这些举措可以帮助员工更好地理解环保的重要性，从而更好地贯彻环保理念。图书馆可以通过宣传和教育活动，增强学习者的环保意识。例如，可以举办环保主题的讲座、展览和研讨会，引导学习者了解环保知识和技术。图书馆还可以通过课程设计、论文指导等方式，将环保理念融入教学过程，引导学习者在学术研究中关注环保问题。

七是适应性和灵活性。图书馆应该是一个开放和包容的学习环境，需考虑不同学科和学习需求，提供适应性和灵活性的学习环境。例如，可以打造多功能学习空间，以适应不同的学习方式和项目需求。对于多功能学习空间的打造，需考虑空间设计、技术设备、学习资源及管理和维护等方面。多功能学习空间应该具有灵活的设计，以适应不同的学习方式和项目需求。例如，可以包括独立的学习区域、小组讨论室、多媒体实验室等。这样的设计能够满足不同学科的需求，促进合作学习和交流。多功能学习空间还需要拥有先进的技术设备，以满足不同学科和学习需求。例如，可以包括计算机、投影仪、音响设备等。这些设备可以帮助学生和教师轻松地展示和分享知识与想法。除了硬件设施外多功能学习空间应该提供丰富的学习资源，以便学生和教师获取所需的信息和知识。例如，可以包括书籍、期刊、数据库等。这些资源可以帮助学生和教师更好地理解和应用知识，提升阅读学习效果。为了确保多功能学习空间的正常运行和使用，管理和维护工作也非常重要。应该安排专门的人员来管理和维护这些空间，确保其始终保持良好的状态。通过提供适应性和灵活性的学习环境，图书馆将能够更好地服务于学生和教师。

八是用户参与和反馈。图书馆可以邀请学生、教师和研究者参与学习环境的设计和改进过程。同时，通过调查和反馈机制收集用户意见，不断优化学习环境。图书馆可以组织一些研讨会和座谈会，邀请学生、教师和研究人员参加，以深入探讨学习环境的设计和改进。在这些活动中，参与者可以分享自己的想法、建议和经验，从而有助于图书馆更好地满足用户的需求。图书馆可以利用现代技术手段，如在线调查和反馈系统，方便用户提供意见和建议。这些反馈可以帮助图书馆了解用户的需求和偏好，从而更好地设计和改进学习环境。图书馆可以通过这些反馈机制，跟踪和评估学习环境的改进效果，以便及时进行调整和改进。在学习环境的设计和改进过程中，图书馆应该注重用户的多样性和差异性。因为不同的用户有不同的需求和偏好，图书馆应该尽可能地考虑这些因素，以提供更加个性化和全面的学习环境。图书馆应该将用户参与和学习环境改进作为一项长期工作，学习环境的改进是一个持续的过程，需要不断地收集用户反馈、进行调整并改进。唯有如此，图书馆才能真正满足用户的需求，为读者提供更加优质的服务。

九是前瞻性设计。图书馆可以考虑未来的学习模式和学习需求，进行前瞻性设计。例如，引入未来学习实验室或创新中心，以探索未来的教育技术和教学方法。图书馆可以成为未来学习模式的引领者，通过前瞻性设计，满足未来学习需求。在图书馆内，可规划设立未来学习实验室或创新中心，这些场所可以成为探索未来教育技术和教学方法的实验基地。在未来的学习模式中，图书馆可以与学校、社区、企业等机构合作，共同开展创新教育项目，以更好地满足未来学习需求。比如在图书馆的设计方面，可以考虑采用开放式、灵活布局的设计理念，以适应未来教育技术和教学方法的变化。同时，图书馆可以提供多功能的学习空间，如创客空间、自主学习区、小组讨论室等，全方位满足不同读者的学习需求。这些活动设计可以促进读者之间的互动和合作，为未来学习模式的探索提供更多的思路和灵感。

十是文化氛围的营造。图书馆可以营造积极的学习氛围，包括尊重多样性、鼓励创新和冒险精神等。同时，通过装饰和学习资源，充分展示本地和全球的文化遗产和当代社会问题，培养学习者的文化意识和批判性思维。因此，图书馆不仅是一个提供书籍和资料的地方，更是一个营造积极学习氛围的重要场所。在这里，不同背景、不同年龄段的人们能够聚集在一起，共同探索知识、分享见解，形成良好的学术氛围。首先，图书馆尊重多样性，欢迎来自不同文化、不同领域的人们。在这里，不仅有各种类型的书籍供人们学习，还有各种活动和讲座，人们能够了解更广阔的知识领域。这种多元化的环境能够激发学习者的好奇心和探索欲，助力其在多元的文化环境中得到成长。其次，图书馆鼓励创新和冒险精神。在这里，人们可以尝试新的学习方法、探索新的领域，不受传统思维的限制。图书馆为学习者提供了一个相对自由的空间，能够自由地思考、探索，从而激发创新能力和冒险精神。此外，图书馆通过装饰和学习资源，充分展示本地和全球的文化遗产和当代社会问题，为学习者提供了了解不同文化的机会。这些资源不仅可以帮助学习者了解历史和文化，还能够培养他们文化意识和批判性思维。通过比较不同文化之间的差异和相似之处，学习者可以更深入地理解文化背景和价值观，从而更好地应对当今社会的挑战。

图书馆是一个充满积极学习氛围的地方。在这里，人们可以获得知识、拓宽视野、培养文化意识和批判性思维。同时，图书馆还为人们提供了一个相互交流、共同成长的平台，每个人都可以在这里找到属于自己的学习空间。

这些举措可以帮助图书馆创设创新的学习环境，从而满足不同学习者的需求，并积极促进学术和个人发展。

二、科技与协作学习

科技的力量正在重塑图书馆的面貌，这种转变不仅体现在硬件设施的升级上，更体现在服务模式的革新上。特别是科技与协作学习的结合，为图书馆带来了新的可能和机遇。在传统的图书馆中，读者需要在书架上手动寻找所需书籍，但在现代图书馆中，借助先进的科技，读者可以通过图书馆的电子系统或移动应用程序，便可在线搜索和预约，轻松获取所需的书籍和资料。此外，许多图书馆提供了自助借还书机和智能化排架系统，极大提高了图书借阅和归还效率。除了在硬件设施方面的升级，科技也在改变图书馆的服务模式。例如，许多图书馆开始采用"图书管理员+AI"的服务模式，通过人工智能技术提供智能问答、推荐阅读等服务。这种服务模式不仅可以提供更精准的个性化推荐，还可以帮助读者更好地了解和使用图书馆资源。科技与协作学习的结合，也为图书馆带来了新的机遇。在数字化时代，人们的学习方式已经从传统的个人学习转向协作学习。因此，图书馆也开始提供更多的协作学习空间和工具，以满足读者的需求。例如，许多图书馆提供在线学习平台、互动教室等设施，方便读者进行小组讨论、合作学习等活动。

首先，科技为图书馆的协作学习提供了强有力的支撑。过去，图书馆主要依赖于纸质书籍和人工服务，但在信息爆炸的时代，这种方式已经难以满足人们的需求。随着科技的发展，特别是数字化、网络化的普及，图书馆可以提供更为便捷、高效的服务。例如，通过建立数字化平台，读者可以随时随地访问图书馆的资源，不再受时间和空间的限制。此外，人工智能、大数据等技术的应用为图书馆提供了个性化推荐、精准搜索等服务，读者能够更加便捷地获取所需信息。

其次，科技促进了图书馆与读者的互动和协作。在传统的图书馆中，读者往往处于被动接受的状态，现在，科技使得读者更加积极地参与图书馆的活动。例如，通过建立在线社区，读者可以在虚拟空间中共享知识、探讨问题，营造了一个良好的学习氛围。此外，图书馆可以通过举办各种线下活动，如研讨会、工作坊等，促进读者之间的交流和协作。

然而，科技与协作学习的结合也给图书馆带来了一些新的挑战。例如，如何平衡数字化与纸质书籍的关系、如何保护读者的隐私、如何应对网络安全等问题，都需要图书馆思考和解决。随着数字化程度的提高，图书馆需要不断更新硬件设备，以满足读者对电子资源的需求。同时，图书馆需要加强对电子资源的保护和管理，以防止信息泄露和侵权行为。另外，协作学习对图书馆提出了新的要求。图书馆需要提供更加灵活的学习空间和学习资源，以满足读者自主学习和合作学习需求。为此，图书馆需要加强与教师和学生的合作，提供更加个性化和专业化的服务，以促进学生的学习和发展。因此，在应对这些挑战时，图书馆需要积极思考和探索解决方案。例如，图书馆可以通过增加数字化资源的种类和数量，提高硬件设备的性能和稳定性，加强电子资源的保护和管理等措施，来满足读者的需求并保障信息安全。同时，图书馆可以通过提供更加灵活的学习空间和学习资源，加强与教师和学生的合作等措施，来促进学生的自主学习和合作学习。总的来说，科技与协作学习的结合为图书馆带来了新的挑战，也带来了新的机遇。在这个过程中，图书馆需要不断创新和适应变化的环境，以满足读者需求。只有这样，图书馆才能在信息时代中继续发挥重要作用。

第三节　移动端服务与图书馆无边界体验

随着信息技术和移动互联网的快速发展，图书馆已经不再局限于传统的实体空间，而是逐步向数字化、网络化的方向发展。移动端服务作为图书馆数字化转型的重要一环，为图书馆无边界体验提供了无限可能。

移动端服务是通过各种移动设备（如智能手机、平板电脑等）提供的服务。这种服务具有许多显著的优点，例如：随着移动设备的普及和网络覆盖而扩大，移动端服务几乎可以在任何时间、任何地点使用，人们可以随时随地享受各种服务；移动端服务具有个性化的特点，能够根据用户的个人喜好、使用习惯等，提供个性化的推荐和服务，使得用户体验更加贴心和便捷；移动设备具有轻便、易携带的特点，用户可以随时随地打开移动设备来使用移动端服务，无需其他辅助设备或工具；移动端服务支持用户之间的互动和交流，用户可以通过移动设备与他人进行沟通、分享信息、参与社交活动等，使得人们之间的联系更加紧密和便捷。综上所述，移动端服务具有许多独特的优点，这些优点使移动设备成为人们日常生活中不可或缺的一部分。

图书馆中的资源阅读模式，可以根据不同的资源类型进行不同的设置。对于文本和图片类型的资源，读者可以通过移动端设备进行阅读，并且可以根据需要对其字体、颜色、背景、跳转、增加书签和浏览书签进行设置，组合出适合自己的阅读模式。同时，系统默认组合了白天/夜晚阅读模式，以适应不同环境下的阅读需求。实现良好的检索服务，是图书馆移动端平台的关键所在。该系统不仅在资源类型上进行分类，还根据用户需求将资源收藏在本地或者对资源标识符进行收藏，并将其分为借阅和下载两种类型。通过这样的分类和检索方式，读者可以更加方便地查找和获取所需的资源。因此，移动端服务也成为图书馆中移动端应用的重要功能之一。通过移动端服务，读者可以在任何时间、任何地点访问图书馆的资源，包括电子图书、期刊、论文等。同时，移动端服务可以提供在线阅读、下载、预约、续借等服务，为读者带来更加便捷的服务体验。

在技术实现方面，以 Android 智能手机为移动图书馆终端，这是因为 Android 智能手机可以直接与内部操作系统交互，具有响应速度快的特点，并且可以配备较大容量的外存储卡，方便读者将下载内容存储在本地。在技术实现上，移动数字图书馆的方案继承了数字图书馆的架构，因此其实现是完全可能的。图书馆中移动端服务的应用，极大地提高了读者的阅读体验和效率，是图书馆发展的必然趋势。资源阅读模式的个性化设置、资源分类与检索的优化、移动端服务的拓展及先进技术的支持，可以实现图书馆中移动端服务的全面升级和应用。

图书馆无边界体验指图书馆通过拓展实体空间、开发数字资源、提供远程服务等手段，打破时间和空间的限制，让读者随时随地获取图书馆的资源和服务。传统的图书馆往往给人一种严肃、刻板、拘谨的感觉，而现代图书馆更加注重用户体验，追求开放、包容、舒适的学习环境。其中，无边界图书馆就是一种新型的图书馆设计理念，它打破了传统图书馆的局限，将阅读空间与生活场景融为一体，让读者在轻松愉悦的环境中享受阅读的乐趣。

无边界图书馆具有很多优势，如开放式设计、舒适的学习环境、多样化的书籍选择等。无边界图书馆的最大特点就是开放式设计，不再以高墙相隔，而是将图书馆与商场、小区等公共空间融合在一起，创设一种"无边界"的阅读环境。这种设计理念可以让读者在公共空间中随时随地接触到书籍，从而极大地拓展了读者的阅读空间，增加了阅读时间。无边界图书馆不仅在空间上追求开放，也在环境上追求舒适。通过合理的布局和装修，为读者提供一个安静、舒适、温馨的学习环境。例如，通过采用柔和的灯光、准备舒适的座椅、提供免费茶水等方式，让读者在学习的同时享受休闲的乐趣。无边界图书馆的另一个优点是书籍选择的多样化，它与商场、小区等公共空间融合在一起，因此可以提供更多种类的书籍供读者选择。这不仅满足了读者的阅读需求，也提高了图书馆的使用效率。

无边界图书馆也面临一些挑战，如管理难度增加、书籍保护问题等。由于无边界图书馆的开放式设计，读者可以随意进出，管理难度显著增加。如何确保读者的秩序和安全成为一个需要解决的问题。商场、小区等公共空间的人员流动性较大，也会对图书馆的正常运营带来一定的影响。除此之外，无边界图书馆的书籍是暴露在公共空间中的，因此很容易受到损坏或丢失。如何保护书籍成为一个需要关注的问题。此外，读者可以随意取阅和放置书籍，也会对图书馆的整理和排列带来一定的影响。

无边界图书馆的未来发展，可能会向着智能化管理、多元化服务以及合作发展等方向进行。从智能化管理的方向思考，为了解决无边界图书馆的管理难度问题，可以积极采用智能化管理方式。例如，通过刷卡、人脸识别等技术手段，合理控制读者的进出，同时对读者的借阅信息进行智能化管理。此外，可以通过监控设备来加强对图书馆的安保管理。除了提供书籍借阅服务，无边界图书馆可以开展多元化服务。例如，可以开设讲座、展览、读书分享会等活动，吸引更多读者参与其中。还可以提供一些便民服务，如免费wi-Fi等，让读者在享受阅读的同时享受便捷的生活服务。当然，为了更好地推动无边界图书馆的发展，可以加强与商场、小区等公共空间的合作。例如，可以在商场中设立专门的阅读区域，让读者在购物的同时也能享受到阅读的乐趣。此外，还可以与小区合作开展一些读书活动，促进社区文化的建设和发展。无边界图书馆是一种新型的图书馆设计理念，打破了传统图书馆的局限，将阅读空间与生活场景融为一体，让读者在轻松愉悦的环境中享受阅读的乐趣。尽管存在一些挑战和问题，但随着科技和管理手段的不断进步和发展，相信未来无边界图书馆会成为一种主流的图书馆形式，为人们的学习和生活带来更多的便利和乐趣。

移动端服务在图书馆无边界体验中的应用比较常见，如移动阅读、移动查询、移动预约、移动支付等。其中，移动阅读是指通过移动设备提供电子书籍、期刊、报纸等数字资源的阅读服务，满足读者随时随地的阅读需求。该服务能够将图书馆的资源数字化，让用户随时随地通过移动设备进行阅读，大大提高了阅读的便捷性和灵活性。在图书馆的移动阅读服务中，用户可以通过手机或平板电脑等移动设备，访问图书馆的电子书和期刊资源。这些资源涵盖了电子期刊、电子书等，用户可以通过移动设备随时随地阅读，不受时间和地点的限制。

此外，图书馆的移动阅读服务可以提供诸多其他功能。①借阅提醒。用户可以通过移动设备接收借阅提醒，包括图书到期提醒、新书到货提醒等。②图书预约。用户可以通过移动设备预约需要借阅的图书，有效节省了排队等待的时间。③在线咨询。用户可以通过移动设备与图书馆员工进行在线咨询，以便获取帮助和指导等。图书馆的移动阅读服务，是一种非常方便和实用的服务，能够提升用户的阅读体验和效率，同时节省时间和精力。

移动查询是指通过移动设备提供图书馆目录检索、借阅信息查询等服务，方便读者获取图书信息。图书馆的移动查询服务是一种方便快捷的查询方式，可以通过手机等移动设备访问图书馆的数字资源。这种服务通常基于移动图书馆平台，整合了各个图书馆的数字资源，包括中外文图书、期刊、报纸、学位论文、标准、专利等文献。移动查询服务提供了多种功能，例如免费订阅、一站式查询、导航等。免费订阅是指免费订阅新闻、时评、图书、报纸、杂志、图片、有声读物和视频课程、资讯等近30种频道分类，为读者提供多来源信息的个性化阅读体验；一站式查询是指读者登录后即可查询相关图书馆资源；导航是指可对图书、报刊、视频、音频等资源进行分类导航。图书馆的移动查询服务非常简单，只需要通过移动终端（如智能手机、平板电脑等）访问图书馆的网址，或者扫描二维码即可登录使用。这种服务真正实现了数字图书馆最初的梦想，任何人、在任何时间、任何地点获取所需要的任何信息。

移动查询的优点在于其便捷性和即时性。读者无需受地点和时间的限制，可以随时随地通过移动设备访问图书馆资源和服务。这种服务模式不仅提高了读者获取信息的效率，还为图书馆提供了更加灵活和高效的服务方式。在实现移动查询的过程中，图书馆需要将传统的图书馆管理系统与移动技术相结合。这通常涉及图书馆资源的数字化和元数据采集、数据存储和备份、网络安全和用户认证等方面的技术实现。同时，图书馆需要考虑如何保障移动查询服务的安全性和隐私性，以及如何满足读者的不同需求和偏好。除了基本的目录检索和借阅信息查询，移动查询还可以提供更加丰富的服务内容。例如，读者可以通过移动设备进行预约借书、在线阅读电子图书、获取图书馆新闻和活动信息等。这些增值服务不仅可以提高读者的满意度，还可以增加图书馆的收益。因此，移动查询是图书馆现代化服务的重要方向之一，为读者提供了更加便捷、高效和灵活的获取图书信息的方式。当然，图书馆需要投入大量的人力、物力和财力来实现这一服务模式，以满足读者需求和提高服务质量。

移动预约是指通过移动设备提供图书馆座位预约、活动预约等服务，避免读者到场排队等待。便捷的移动设备服务可以避免读者到场排队等待。通过手机 App 或微信公众号，读者可以随时随地预约图书馆座位或活动，从而省去了现场等待的时间和精力。这种服务不仅方便了读者的生活，也提高了图书馆的利用率，读者可以更加便捷地获取所需资源和信息。值得一提的是，这种移动设备服务不仅是一种技术进步的体现，更是图书馆服务理念的提升。图书馆不仅是提供书籍借阅的地方，更是为读者提供获取知识、交流信息和参与活动的平台。这种服务模式的转变，使得图书馆与读者的关系更加紧密，也更加符合现代社会的发展趋势。在未来，预计会有更多的图书馆推出类似的移动设备服务，为读者提供更加便捷、高效的服务体验。同时，图书馆将不断探索新的服务模式和技术应用，以更好地满足读者的需求，实现其社会价值。

移动支付是指通过移动设备在线支付图书馆费用，简化了支付流程。随着科技的发展，移动支付已经成为现代生活中不可或缺的一部分。这种支付方式不仅方便快捷，而且安全可靠，因此受到了广大用户的青睐。在图书馆中，移动支付的应用也越来越广泛。移动支付具有方便快捷的优点。以前，读者需要携带现金或银行卡到图书馆，而现在，在移动支付的帮助下，读者只需在手机上轻轻一点，就可以完成支付。这不仅避免了携带现金或银行卡的麻烦，还节省了排队等待支付的时间。移动支付还具有安全可靠的优点。在传统的支付方式中，读者需要向收银员提供个人敏感信息，如银行卡号、密码等，这容易导致信息泄露和账户被盗刷的风险。在移动支付中，读者的个人信息被加密保护，支付过程因而更加安全可靠。

移动端服务在图书馆无边界体验中的优势和挑战是多方面的，其优势主要在于以下三个方面。一是拓展服务空间和时间。移动端服务使得图书馆的服务不再局限于实体空间和固定时间，读者可以随时随地获取图书馆的资源和服务。二是提高服务效率。移动端服务通过自动化、智能化的方式，明显提高了服务效率，减少了人工操作的错误率。三是提升读者体验。移动端服务可以根据读者的个性化需求，为其提供定制化的服务，提高读者的满意度，从而提升读者的阅读体验。

其挑战也包括三个方面。一是技术门槛高。移动端服务的开发需要具备一定的移动互联网技术和软件技术能力，对一些技术力量较为薄弱的图书馆来说，存在一定的难度。二是信息安全风险。移动端服务涉及读者的个人信息和支付信息等敏感信息，如何保障信息安全是图书馆需要重视的问题。在移动端服务中，图书馆不仅需要保护读者的个人信息和支付信息等敏感信息，还需要防止恶意攻击和数据泄露等安全风险。因此，图书馆需要采取一系列措施来确保移动端服务的安全。三是读者接受度。尽管移动端服务具有诸多优势，但仍然需要读者具备一定使用智能手机的能力和网络意识，对于一些老年读者或技术不熟练的读者来说，这可能存在一定的接受难度。

为了解决上述问题，图书馆应该加强技术建设，提高自身的技术能力和开发水平，以便更好地开展移动端服务。同时可以与专业的技术公司合作，共同开发适合图书馆需求的移动端服务。因此，对技术力量较为薄弱的图书馆来说，开发移动端服务可以寻求外部合作，借助其他机构的技术力量来完成。其中，最直接的方式是与移动应用开发公司进行合作，这些公司通常具有丰富的移动应用开发经验和专业技能，能够为图书馆提供定制化的移动端服务。图书馆可以通过与这些公司合作，降低开发难度，缩短开发周期，并保证移动端服务的质量和稳定性。另外，图书馆可以考虑与其他机构进行合作，例如与高校计算机科学系、软件学院等机构进行合作。这些机构通常拥有丰富的技术资源和人才，可以为图书馆提供技术支持和人才培养等方面的帮助，使图书馆更好地开发移动端服务。无论采取何种合作方式，图书馆都需要在合作过程中保持一定的主动性和话语权，确保最终开发的移动端服务能够满足图书馆的需求和用户的需求。同时，图书馆需要对合作过程进行监督和管理，确保合作项目的进度和质量。

首先，图书馆应该加强网络安全防护，构建完善的安全管理体系。这包括对移动端应用程序进行安全审计、对服务器进行安全加固、对网络流量进行监控和过滤等。通过这些措施，图书馆可以有效地防止外部攻击和内部泄露等安全风险。其次，图书馆应该采用加密技术来保护读者的敏感信息。在移动端服务中，读者的个人信息和支付信息等敏感信息需要被加密存储和传输。图书馆应该采用高强度的加密算法和技术，确保敏感信息不被非法获取和滥用。加强对用户的身份认证和访问控制也很重要，通过实施多层次的身份认证和访问控制机制，图书馆可以有效地防止非法用户访问敏感信息和进行恶意操作。同时，图书馆应该根据用户的需求和角色，为其开放不同的权限，确保用户只能访问自己需要的数据和功能。最后，图书馆需要建立完善的安全事件应急响应机制，在移动端服务中，可能会出现各种安全事件，如恶意攻击、数据泄露等。图书馆应该建立完善的安全事件应急响应机制，及时发现和处理安全事件，降低安全事件对读者和图书馆的影响，并确保移动端服务的正常运行，切实维护读者的合法权益。

为了提高移动端服务的读者接受度，图书馆需要考虑以下几个方面。首先，优化界面设计。移动端服务的界面应该简洁明了，易于操作。对老年读者和技术不熟练的读者来说，过于复杂或难以理解的界面，可能会让他们感到困惑和不知所措。因此，需要简化界面设计，使用易于理解的操作按钮和提示信息，降低使用难度，提升用户体验。其次，需要提供特定的帮助和指导。对初次使用移动端服务的读者来说，可能需要一些指导和帮助来了解如何使用。图书馆可以通过提供操作指南、在线帮助和客服支持等方式，为读者提供必要的指导和帮助，从而提升读者的使用体验和接受度。最后，还要加强宣传和推广。通过加强宣传和推广，让更多的读者了解和使用移动端服务。图书馆可以通过各种渠道，如社交媒体、宣传册、网站等，宣传和推广移动端服务，吸引更多的读者使用，并提高用户的接受度。通过以上措施，旨在提高移动端服务的读者接受度，让更多的读者享受移动端服务带来的便利。

一、移动应用的开发与优化

图书馆移动应用的开发与优化是为了提升用户的使用体验，满足用户的多元化需求。为此，可从以下几个角度进行思考和应用。

在优化用户体验方面，图书馆移动应用设计具有简洁、直观的用户界面，具备易于导航和使用的功能。应用的设计和开发应该以满足用户需求为主导，同时考虑用户的使用习惯和需求。例如，提供个性化的推荐服务，根据用户的阅读历史和偏好，精准推荐相应的图书资源。图书馆移动应用可以增加更多的交互性和智能功能，以提升用户的使用体验。例如，应用可以提供语音搜索和语音导览功能，使用户更方便地搜索图书和了解图书信息。图书馆移动应用可以增加社交分享功能，方便用户与其他人分享阅读心得和推荐图书资源。在图书馆移动应用的开发过程中，需要考虑不同用户的需求和反馈，不断优化和改进应用的设计和功能。例如，可以通过用户调查和反馈渠道，收集用户对应用的评价和建议，并据此反馈采取相应的改进措施。

在增强互动性方面，图书馆移动应用可以增加互动性元素，如评论、分享、点赞等，使用户更方便地与其他用户交流和分享阅读体验。此外，可以通过积分、等级等激励机制，鼓励用户参与互动，提高用户的使用黏性。除了增加互动性元素和激励机制，图书馆移动应用还可以考虑引入社交元素，用户可以在应用上关注其他用户或者参与阅读俱乐部等，与他人分享阅读心得、交流阅读体验。可以设置一些阅读挑战，如读完一本书、完成一个阅读计划等，并提供相应的奖励和成就，激励用户持续参与阅读活动。为了增强用户参与感，可通过评论、投票等方式，让用户参与图书资源的决策，进而增强用户的参与感和归属感。通过提高用户的参与度和使用黏性，进一步推动数字图书馆的发展。

在整合资源方面，图书馆移动应用可以整合图书馆的各类资源和服务，包括图书、期刊、报纸、数据库等，使用户在一个平台上便捷地获取各种资源和服务。同时，可以通过与其他图书馆或机构的合作，共享资源和服务，提高图书馆的吸引力和影响力。这种合作方式不仅可以增加图书馆的资源储备，提升其保障能力，还可以扩大图书馆的覆盖面和影响力，以吸引更多的用户使用图书馆的资源和服务。

在提高安全性方面，图书馆移动应用应该保障用户数据安全，采用安全的加密技术和隐私保护措施，确保用户的个人信息不被泄露。此外，需要防范恶意攻击和病毒入侵等安全风险。可制定并执行详细的安全制度，包括馆内行为规范、物品保管规定及突发事件应对方案等。同时，确保制度得到贯彻执行。也可在图书馆内合理安装监控摄像设备，并确保摄像范围覆盖关键区域，如入口处、借阅区、自助还书机等。同时，确保摄像声音采集得到充分授权与公告，以保障读者的隐私权。同时，要定期对图书馆进行安全检查，发现并解决存在的安全隐患。

在持续更新和优化方面，图书馆移动应用应该根据用户反馈和使用情况，持续更新和优化应用的功能和性能，提高应用的稳定性和可靠性。同时，需要关注新技术的发展和应用，不断探索和创新，提高图书馆移动应用的服务水平和用户体验。例如，可以增加电子书籍、期刊、论文等资源的数量和种类，提供更加个性化的推荐服务，增加社交互动功能，让用户更加便捷地与他人分享和交流阅读体验。同时，需要积极开展市场调研和用户调研，了解用户的需求和期望，及时调整和改进自己的服务策略，从而提高用户满意度和忠诚度。

在技术实现方面，图书馆移动应用需要关注移动技术的发展趋势，不断引入新的技术和工具，提高应用的智能化、自动化和安全性。例如，可以利用人工智能技术，实现智能推荐、智能搜索等功能；借助云计算技术，实现数据存储和计算的高效化和规模化；利用安全技术，保障用户数据安全和隐私。此外，图书馆移动应用还需要积极参与图书馆界的合作和交流，与其他图书馆和相关机构，共同探讨和研究移动服务的发展方向和趋势，共同推动图书馆移动服务的进步和发展。

图书馆移动应用的开发与优化，需要关注用户体验、互动性、资源整合、安全性和持续更新等方面，以满足用户的需求，提高图书馆的服务水平。特别是在图书馆移动应用的开发与优化过程中，用户体验是至关重要的一个方面。用户能够通过应用获得图书馆的各种资源和服务，因此应用需要提供简单易用的界面和清晰直观的操作流程。同时，应用的交互设计需要考虑用户的需求和习惯，以提供更加便捷的交互体验。除了用户体验，互动性也是图书馆移动应用的一个重要特性。通过应用，用户可以与图书馆进行实时的互动交流，例如咨询问题、预约服务、反馈意见等。因此，应用需要具备良好的互动功能，以便用户交流和互动。资源整合是图书馆移动应用的另一个重要方面。图书馆拥有大量的资源和服务，需要通过应用将这些资源整合在一起，以便用户获取和使用。这需要开发人员对图书馆的资源和服务进行深入的了解和分析，并针对不同的用户需求，设计不同的整合方案。安全性是图书馆移动应用中不可忽视的一个方面，图书馆涉及用户的个人信息和资源信息，因此应用需要具备完善的安全措施和隐私保护机制，确保用户的信息安全和隐私不受侵犯。持续更新也是图书馆移动应用的一个重要特性，随着图书馆的资源和服务的变化，面对用户需求的变化，图书馆应用需要及时进行迭代和升级，作为开发团队需要持续关注用户反馈和应用运行情况，并及时更新和优化。

二、移动服务的可持续性

移动服务作为图书馆现代化发展的重要组成部分，其可持续性对于图书馆的未来发展具有重要的意义。图书馆移动服务是指通过手机、平板电脑等移动设备，向读者提供图书馆的资源和服务。这种服务模式打破了时间和空间的限制，读者可以随时随地获取图书馆的资源和服务。目前，我国许多图书馆都提供了移动服务。

图书馆移动服务的可持续性主要体现在技术支持、资源保障、读者需求等方面。从技术支持的角度看，图书馆移动服务的可持续性，首先，依赖技术支持。其次，随着移动互联网技术的发展，图书馆需要不断更新和完善移动服务的技术架构，以确保服务的稳定性和安全性。最后，图书馆需要关注新兴技术，如人工智能、大数据等，将这些技术应用于移动服务中，以提高服务的水平和效率。从资源保障的角度看，图书馆移动服务的可持续性需要资源的保障。这里的资源包括人力资源、经费和物资等。首先，图书馆需要建立专业的技术团队，负责移动服务的开发和维护。其次，图书馆需要投入足够的经费，用于购买和维护移动设备的硬件和软件。最后，图书馆需要保证资源的更新和补充，以满足读者的需求。从读者需求的角度看，图书馆移动服务的可持续性需要满足读者的需求。因为读者对于移动服务的需求是不断变化的，图书馆需要关注读者的需求变化，及时调整和优化服务内容和方式。同时，图书馆需要通过市场调研和分析，了解读者的阅读习惯和需求，为读者提供更加个性化的服务。

要想提高图书馆移动服务的可持续性，需要从技术研发、资源保障能力、服务内容和方式的优化等方面着手。例如，图书馆需要不断加强技术研发，提高移动服务的技术水平。同时，图书馆需要关注新兴技术，如人工智能、大数据等，并将这些技术应用于移动服务，以提高服务的水平和效率。图书馆需要加强资源保障能力的建设。首先，图书馆需要建立专业的技术团队，负责移动服务的开发和维护。其次，图书馆需要投入足够的经费，用于购买和维护移动设备的硬件和软件。最后，图书馆需要保证资源的更新和补充，以满足读者的需求。优化服务内容和方式时，图书馆需要关注读者的需求变化，及时调整和优化服务内容和方式。同时，需要通过市场调研和分析，了解读者的阅读习惯和需求，进而为读者提供更加个性化的服务。

随着科技的发展，图书馆移动服务的可持续性对图书馆的未来发展具有重要的意义。图书馆需要通过加强技术研发、提高资源保障能力、优化服务内容和方式等措施，提高移动服务的可持续性。同时，图书馆需要关注新兴技术的发展和应用，为读者提供更加智能化、个性化的服务。

第四章　智能服务的挑战与解决方案

　　图书馆智能服务的挑战，主要来自以下几个方面。一是技术挑战。智慧图书馆需要整合和应用多种技术，例如物联网、大数据、人工智能等，这要求图书馆拥有专业的技术团队和足够的资金支持。同时，技术的更新换代速度很快，图书馆需要不断紧跟技术前沿，以保持其服务的领先性。二是用户需求的变化。随着社会的发展，用户对图书馆的需求也在不断变化。多数用户希望图书馆能够提供更为个性化、便捷的服务，这需要图书馆对用户需求进行深入分析，并提供相应的服务。三是数据安全和隐私保护。智慧图书馆在提供服务的过程中，会收集大量的用户数据，如何保障这些数据的安全和用户的隐私，是一个极其重要的挑战。图书馆需要采取有效的措施来保护用户数据，并确保这些数据不会被泄露或滥用。四是服务质量的提高。随着图书馆智能服务的推广，服务质量成为一个重要的挑战。图书馆需要建立健全有效的服务质量管理体系，包括对服务的评估、改进等，以确保服务的有效性。五是人力资源的管理。智慧图书馆的发展，需要具备相关技能和知识的工作人员，如何招聘、培训和管理这些人员是一个重要的挑战。图书馆需要制定合理的人力资源管理制度，以调动员工的工作积极性，提高员工的工作效率。智慧图书馆的发展面临多方面的挑战，只有通过不断努力和创新，图书馆才能更好地应对这些挑战，为用户提供更加卓越的服务。

第一节 隐私与信息安全

维护隐私与信息安全的重要性体现在诸多方面。图书馆是一个公共场所，每天接待着大量的读者。读者的个人信息、借阅记录等，都属于个人隐私的范畴。图书馆有责任保护这些信息不被泄露或滥用，以维护读者的隐私权。只有在确保隐私安全的前提下，读者才能对图书馆产生信任，从而提升对图书馆的满意度和忠诚度。图书馆收藏的书籍是图书馆的重要资产，也是读者获取知识和信息的重要来源。图书馆需要确保书籍的完整性和真实性，防止被篡改或损坏。这不仅关系到读者的阅读体验，还关系到图书馆的声誉和公信力。尤其是随着信息技术的发展，黑客攻击和病毒侵入逐渐成为图书馆信息系统面临的主要威胁。这些攻击可能造成信息泄露、系统崩溃等严重后果，对图书馆和读者造成不可估量的损失。因此，图书馆需要采取有效的措施，科学防范和应对这些安全威胁。同时，图书馆作为公共机构，需要遵守国家相关的法律法规，如《中华人民共和国个人信息保护法》《中华人民共和国网络安全法》等。这些法律法规对图书馆的信息安全和隐私保护都提出了明确的要求，图书馆必须遵守，以确保其合法合规运营。

图书馆在维护隐私与信息安全方面，可以采取一系列措施，以充分保障用户的信息安全。图书馆应建立完善的信息安全管理体系，包括明确的责任分工、安全政策的制定和执行以及评估和改进机制，确保信息保密工作随时代不断调整和更新。图书馆管理者应该明确自身在信息保密工作中的角色和责任，并通过定期培训，增强员工的信息安全意识。图书馆在提供网络服务的同时也面临着网络安全威胁。为了保障图书馆内部网络和用户的个人信息安全，需要实施网络防火墙和入侵检测系统，及时发现和阻止网络攻击。同时，应加强对网络设备的保护，设置安全密码，定期更新设备的安全补丁。

通过对网络进行定期的安全评估，及时发现潜在的安全漏洞并及时填补。

图书馆应采取措施确保用户个人隐私，例如通过加密技术保护用户数据，不向第三方透露用户个人信息，除非得到用户的明确授权。为此，图书馆应该制定明确的隐私制度，并向用户公布。该制度应该清楚地说明图书馆将如何收集、使用和保护用户的个人信息，以及会在何种情况下向第三方透露这些信息。图书馆应该尽可能少地收集用户的个人信息，并只在必要时使用这些信息。例如，图书馆不需要收集用户的完整地址或电话号码，除非用户需要这些信息来接收图书或参加活动。图书馆建立监督和审计机制，确保其隐私制度的落实和员工的操作符合规定。这些机制应该包括定期检查和评估图书馆的隐私保护措施，在必要时采取纠正措施。图书馆还要赋予用户有更多的控制权，用户能够决定自己的个人信息是否被共享以及何时被共享。保护个人隐私是图书馆的责任和义务，通过采取适当的措施来确保用户个人隐私，图书馆可以赢得用户的信任并提高其满意度。

图书馆应定期组织员工进行信息安全和隐私保护的培训，确保相关人员了解如何处理和保护用户信息。可组织全体员工参加有关网络信息安全意识的培训，传达有关网络安全和信息系统建设安全管理的各项规定，引导员工增强信息安全意识。图书馆应建立健全的信息安全管理制度，包括员工信息安全行为规范、网络设备使用规定、信息安全事件处理流程等，确保员工在工作中遵守相关规定。同时，要向员工宣传个人隐私保护的重要性，教育员工如何避免泄露个人敏感信息，如身份证号码、电话号码、家庭住址等。强化密码安全意识也很重要，图书馆可教育员工设置复杂的密码，避免使用简单的密码或者重复使用同一密码，以保障个人账户和图书馆网络的安全。图书馆还需要实施加密和备份措施，向员工介绍加密技术和数据备份的重要性，鼓励员工使用加密软件对个人文件和数据进行保护，并定期备份数据。教育员工关注网络安全防护，使用安全的网络连接，避免使用公共 wi-Fi 进行敏感信息的传输，以防止网络攻击和数据泄露。此外，图书馆定期对图书馆网络进行安全审计，发现潜在的安全隐患和违规行为，并及时进行处理和防范。通过以上措施，图书馆可以加强对员工的信息安全和隐私保护培训，增强员工的信息安全意识，增强自我保护能力，为创设健康文明的网络环境贡献力量。

图书馆应制定数据管理政策，包括数据的收集、存储、使用和共享等方面，以确保用户信息的安全和隐私。首先，要明确数据管理政策的目标，例如确保数据的安全性、完整性、可用性和可追溯性。其次，要确定政策的基本原则，例如数据分类、数据备份、数据访问控制、数据隐私保护等多个方面。图书馆应明确数据管理的范围，包括哪些类型的数据需要管理，以及数据的来源和使用场景。确定数据管理的对象，包括数据的产生、存储、传输和使用等环节。图书馆制定详细的数据管理计划，需要根据数据管理政策的目标和原则，制定详细的数据管理计划，包括数据的收集、存储、处理、备份、恢复等环节。同时，要明确数据管理的流程和标准，如数据备份的频率、方式、存储位置等。然后根据数据的重要性和敏感程度，对数据进行分类和标记。不同类型的数据需要采取不同的管理措施，如对敏感数据进行加密、对重要数据进行备份等。为了确保数据的完整性和可用性，需要建立完善的数据备份和恢复机制。定期对数据进行备份并制定应急预案，以应对突发事件或意外情况。为了确保数据的安全性，还需要实施严格的数据访问控制和隐私保护措施。针对不同类型的数据，设置不同的访问权限，并采取身份验证、加密等措施来保护数据的隐私。定期对数据管理政策的执行情况进行监督和评估，发现问题并及时采取措施予以解决。同时，要根据实际情况对数据管理政策进行修订和完善，以适应不断变化的数据环境和业务需求。图书馆应对图书馆员工进行数据安全和隐私保护方面的培训和教育，增强员工的数据意识和安全意识。培训内容包括数据管理政策的理解、数据保护技巧、应急处理能力等。也可以与相关机构和合作伙伴建立合作机制，共同推进数据管理工作。例如，与 IT 服务提供商、学术机构、研究机构等建立合作关系，共同解决数据管理过程中遇到的问题，分享最佳实践和经验。最后，要定期对图书馆的数据管理活动进行审计和评估，以确认其是否符合制度要求和最佳实践。审计内容包括数据的完整性、安全性、可用性和隐私保护等。通过这些措施的落实和执行，有效提高图书馆的数据管理水平，保障用户信息安全及合法权益。

图书馆应建立应急响应计划，以应对可能出现的网络安全事件或隐私泄露等挑战，确保及时采取行动保护用户利益。应急计划旨在在紧急情况下，确保图书馆运营快速、有效恢复，最大限度地减少对读者、员工和图书馆资源的影响。为此，需要明确应急计划的原则，如快速响应、信息公开、科学决策等。图书馆应建应急指挥小组。应急指挥小组应由图书馆领导、各部门负责人和其他相关人员组成，负责制定应急计划、协调各部门的工作、指挥应急行动等。针对不同类型的突发事件，如自然灾害、人为破坏、疫情等，制定相应的应急预案，包括应急响应流程、资源调配方案、人员疏散和安置方案等，制定应急响应流程图，明确各部门的职责和协作方式，确保在紧急情况下快速响应，建立信息报告系统，及时收集、整理和汇报有关突发事件的信息，确保决策者迅速了解情况并作出决策。另外，还要定期组织模拟演练，提高图书馆员工应对突发事件的能力。通过定期开展相关培训，增强员工的安全意识和应急技能。根据实际情况和演练结果，图书馆应定期评估应急计划的可行性和有效性，及时修订和完善计划。图书馆可以与当地政府、医疗机构、消防部门等相关机构建立紧密的合作关系，以便在紧急情况下得到及时援助和支持。除此之外，图书馆应建立资源储备和调配机制。要储备必要的应急物资和设备，如食品、水、急救药品等，并建立相应的调配机制，确保在紧急情况下及时分配给需要的部门和人员。在紧急情况结束后，图书馆应积极开展善后工作，包括清理现场、修复设施等，确保图书馆尽快恢复运营。

图书馆应与当地法律机构保持联系，遵循相关法律要求，确保在出现隐私泄露或信息安全问题时及时采取法律行动，以保护用户利益。为此，图书馆应切实确保用户的个人信息和阅读隐私得到保护，防止数据泄露和侵犯用户隐私权。建立用户权益保障机制，包括用户投诉和反馈机制，以及及时处理和回复读者投诉的程序。图书馆还要采取措施，严厉打击非法出版物和信息传播，包括建立严格的采购和审核制度，加强对自助借还机的管理，以及与版权管理机构合作。为了提供私密和安全的阅读环境，图书馆可设立专门的阅览室，做好相关管理，以防止物品丢失和个人财产被盗。图书馆在采取法律行动保护用户利益时，还应遵循国家相关法律法规的规定，如《中华人民共和国著作权法》《中华人民共和国网络安全法》等。同时，图书馆应积极配合相关部门开展打击侵权盗版等行动，切实维护用户合法权益。图书馆作为公共场所，每天会接待大量的读者，因此信息安全风险较高。图书馆应加强读者信息安全宣传教育，提醒读者注意保护个人隐私和敏感信息，避免在公共场合透露个人信息，或使用公共网络进行敏感信息的处理。同时，图书馆应加强对读者个人信息和行为的监测和分析，以便及时发现并处理异常行为和事件。

一、智能化服务中的隐私问题

图书馆智能化服务中尚且存在一些隐私方面的问题。在智能化服务中，图书馆会收集大量的用户数据，包括借阅记录、搜索历史、阅读习惯等。这些信息在很大程度上能够帮助图书馆更好地满足用户的需求，提供更个性化的服务。然而，这也同样引发了隐私泄露的风险。如果这些数据被不当使用或泄露，可能会对用户的隐私造成侵犯。为了提高服务质量和效率，图书馆可能会使用跟踪和监控技术，如摄像头、人脸识别等。这些技术可以记录用户的行动轨迹，帮助图书馆了解用户的阅读习惯和兴趣。虽然这在某种程度上有助于图书馆的管理和服务，但也引发了关于隐私权的问题。

图书馆需要采取措施来保护用户的个人信息。包括加强网络安全措施，保护数据的传输和存储安全，以及培训员工了解如何正确处理用户数据，以防止数据被泄露和滥用。

图书馆在提供智能化服务时，可能需要与第三方合作，如数据分析公司或技术供应商。在此过程中图书馆应确保与第三方合作的数据安全性和隐私保护。此外，任何形式的数据共享都应遵循严格的隐私政策和监管要求。在图书馆智能化服务中，涉及的隐私问题还包括用户个人身份信息，如读者的姓名、身份证号码、联系方式等。这些信息能够直接或间接地识别出特定的个人，可能被用于某些不当行为。读者的阅读偏好、倾向等也被视为隐私的一部分，这类信息可能被用于定制化推荐、广告或其他商业目的，从而对读者的自由选择权和隐私权造成威胁。借阅信息主要包括读者的借阅记录、归还时间等，这些信息直接反映了读者的阅读行为和习惯，一旦被泄露或滥用，可能对读者的个人权益和隐私权造成不可估量的损害。其他个人身份相关联的信息（如职业、年龄、性别、健康状况等）与个人身份紧密相关，同样需要得到适当的保护。为了保护这些隐私信息，图书馆应采取必要的措施，如数据加密、访问控制、安全审计等，以确保读者的个人信息不被未经授权的第三方访问或利用。同时，图书馆员和读者也应当增强自身的隐私保护意识，共同保障个人隐私安全。

二、安全保障机制的建立

图书馆安全保障机制的建立是非常重要的。图书馆作为公共场所，人员流动大，安全隐患也相应增大。因此，构建完善的安全保障机制是必要的。图书馆中储存着大量的书籍和其他资料，这些资料是公众的知识来源，也是文化传承的重要载体。确保这些资料的安全，防止盗窃、破坏等行为，也是图书馆安全保障机制的重要任务。此外，图书馆是公众学习和研究的场所，保障其安全也是为了提供一个稳定、和谐的学习环境。这不仅有利于保护读者的权益，也有利于提高图书馆的声誉，树立其良好的形象。图书馆建立安全保障机制，还有利于规范图书馆的各项管理，提高图书馆的运行效率和服务质量。通过建立完善的安全管理制度，明确各项职责和操作流程，图书馆的各项工作都能够有序进行，提高图书馆的运行效率和服务质量。因此，建立图书馆安全保障机制，采取有效的措施来加强安全管理，可以显著提高图书馆的安全防范能力。

图书馆安全保障机制的建立，可以从不同方面来进行。① 建立安全管理制度。制定安保管理规章制度，明确安全管理的原则和目标，以及各部门的安全职责和义务，并建立完善的安全管理制度，包括安全检查、巡查、应急处理等。② 加强人员管理。对图书馆工作人员进行安全培训，增强人员的安全意识，提升应对突发事件的能力，同时对读者进行入馆安全提示，明确禁止携带危险物品和易燃易爆物品进入图书馆。③ 完善安全设施。图书馆应配备完善的安全设施，如监控设备、消防器材、安全出口等。同时定期对安全设施进行检查和维护，确保其完好有效。④ 强化安全宣传教育。通过开展多种形式的安全宣传教育，增强图书馆工作人员和读者的安全意识，提高对各种突发事件的处理能力。只有全面提升图书馆的安全管理水平，才能为读者提供一个安全、舒适的学习环境。

第二节　技术更新与人才培养

图书馆技术更新与人才培养是一个相互促进的过程，随着图书馆职能的转变和技术的不断更新，对人才的需求也在不断提升。因此，探讨图书馆技术更新与人才培养的问题，对于提高图书馆的服务质量，提升图书馆人员的专业素养，都具有重要的研究意义。

如今随着社会的发展，图书馆的职能也在不断扩展，从传统的馆藏管理、阅读服务，到数字资源的管理、开发和利用，参与公共服务、文化传播和社会教育等方面的工作。这些新的职能要求图书馆不断更新技术，以适应快速变化的社会环境，满足读者需求。具体来说，图书馆技术更新的内容可包括数字化技术、数据分析技术、云计算技术及人工智能技术等方面。其中，图书馆资源数字化是当前图书馆技术更新的重要内容，通过数字化技术，图书馆可以将传统纸质书籍、期刊等资源转化为电子资源，方便读者在线阅读、下载和使用。随着图书馆资源数字化和读者服务的网络化，图书馆产生了海量的数据。通过数据分析技术，图书馆可以对这些数据进行处理和分析，以了解读者的阅读行为和需求，为读者提供更加精准的服务；云计算技术可以帮助图书馆实现资源共享和优化配置，提高图书馆的资源利用率和效率；人工智能技术可以帮助图书馆自动化处理一些常规任务，提高工作效率和质量，同时为读者提供更加智能化的服务。

图书馆技术的更新对图书馆工作人员也提出了更高的要求，需要培养适应新技术要求的人才。具体来说，图书馆人才培养应注重多个方面，如培养意识和学习能力的提升。公共图书馆是一个充满创新和变革的领域，只有不断更新知识和学习新技术，才能适应快速变化的社会环境满足读者需求。因此，图书馆工作人员应养成主动学习的习惯，关注前沿问题，不断提升自己的专业能力。随着社会的发展和图书馆职能的扩展，图书馆需要的人才类型也越来越多元。除了传统的图书馆管理、阅读服务等人才，还需要数字资源管理、开发、利用等方面的人才，以及参与公共服务、文化传播和社会教育等方面工作的人才。因此，图书馆人才培养应注重多元化人才的培养。图书馆技术的更新要求图书馆人员具备实际操作能力，因此，在图书馆人才培养中，应注重对技术实践能力的培养，让图书馆工作人员熟练掌握和应用新技术。图书馆工作需要团队合作来完成各项任务，在图书馆人才培养中，应同样注重对团队合作能力的培养，让图书馆工作人员相互协作、共同完成工作。

一、持续更新技术设备

图书馆持续更新技术设备可以提升资源利用率。随着科技的不断发展，传统的图书馆管理方式已经无法满足读者的需求。通过更新技术设备，图书馆可以更好地对资源进行分类、存储、检索和管理，从而提高资源的利用率，为读者提供更加便捷的阅读服务。数字化是图书馆发展的趋势，通过更新技术设备，图书馆可以实现数字化转型，将馆藏资源转化为数字形式，方便读者通过网络和移动设备随时查询、借阅和阅读。同时可以通过采购电子书等数字资源，扩大馆藏范围，满足读者的多样化需求。技术设备的更新可以改善读者的阅读体验，提高服务质量。例如，通过引入自助借还书机等设备，简化借阅流程，提高借阅效率；通过更新数据库和检索系统，提供更加精准的检索服务。通过引入智能化管理系统，实现个性化推荐服务；等等。图书馆作为学术交流的重要场所，其技术设备的更新可以进一步促进学术交流与合作。例如，通过建立数字化学术交流平台，实现学者之间的在线交流与合作。通过引入视频会议系统，方便不同地区的学者进行学术研讨和合作；等等。如今读者的需求也在不断变化，图书馆更新技术设备可以适应社会发展的需求，满足读者的多元化需求。例如，通过引入移动图书馆等设备，方便读者在移动设备上阅读；通过建立社交媒体平台，与读者进行互动交流等。

图书馆在持续更新技术设备时，需要及时跟进新技术发展。图书馆应该密切关注最新技术动态和趋势，包括人工智能、大数据、云计算等，并适时引入适合图书馆业务需求的技术和设备。图书馆应该根据自身的业务需求和发展目标，制定技术设备更新的中长期计划，明确更新目标、实施步骤和时间表。根据自身的业务特点和服务需求，合理配置技术设备资源，包括硬件设备、软件系统、网络设施等，确保图书馆各项业务顺利开展。通过建立健全的技术设备维护和管理制度，确保设备的正常运行和有效利用，同时加强设备的更新和维护，提高设备的可靠性和稳定性。图书馆还要加强对员工的技术培训，提高员工的技术水平和应用能力，确保员工熟练使用和管理技术设备。通过建立技术设备更新的档案记录，记录更新的时间、内容、效果等信息，为今后的更新提供参考和依据。从多方面入手，加强规划、配置和管理，同时加强员工培训和能力提升，为图书馆的持续发展和优质服务提供有力的保障。

二、图书馆人才培训的新要求

在新时代，图书馆人才培训有以下几个新的要求。随着信息技术的发展，图书馆的运营模式和读者需求也在不断变化。因此，图书馆人才需要具备较高的信息素养，包括信息获取、信息处理、信息评价和信息创选的能力。图书馆学是一个专业性很强的学科，需要图书馆人才具备扎实的图书馆学理论基础和专业技能，包括文献检索、文献分类、图书馆管理等。图书馆学专业人才需要具备良好的沟通能力、组织能力和协调能力，以便更好地为读者服务。在图书馆工作中，图书馆员工需要与读者进行有效的沟通，了解读者的需求和问题，并协调资源、解决问题。同时，图书馆员工需要具备良好的组织能力，能够合理安排图书馆的资源和服务，为读者提供更好的阅读体验。在专业技能方面，图书馆学专业人才需要掌握文献检索技能，能够熟练使用各种检索工具，为读者提供准确、快捷的文献检索服务。此外，图书馆学专业人才需要掌握文献分类技能，能够根据文献的内容和特点，进行准确的分类和标注，方便读者进行查找和阅读。图书馆学专业人才还需要掌握图书馆管理技能，能够有效地管理图书馆的资源和服务，确保图书馆的正常运营，给读者提供良好阅读体验。只有这样，才能更好地为读者服务，进一步推动图书馆事业的发展。图书馆涉及的领域广泛，包括社会科学、自然科学、人文科学等。因此，图书馆人才需要具备较宽的知识面，以便更好地服务于不同领域的读者。

新时期培养创新思维是非常重要的，尤其是随着数字化、智能化等新技术的应用，图书馆需要不断探索新的服务模式和管理方式。因此，图书馆人才需要具备创新思维和创新能力，以适应不断变化的社会环境。图书馆作为公共文化服务机构，需要不断提高服务质量。图书馆人才需要具备强烈的服务意识，关注读者需求，提高服务水平。随着国际化程度的提高，计算机技术的广泛普及，图书馆人才需要掌握一定的外语和计算机技能，利用计算机技术提高工作效率，以便更好地为国际读者服务。

第三节　社会接受度与文化适应

图书馆的社会接受度与文化适应是一个复杂且重要的议题，社会接受度通常指的是社会大众对某一机构、组织或行为的接纳与认可程度。对图书馆而言，社会接受度意味着人们是否愿意使用图书馆，对图书馆的认可程度，以及图书馆在社区中的地位和影响力。社会接受度对于图书馆的成功和持续发展至关重要，如果人们不接受或不使用图书馆，那么图书馆的功能和价值将无法实现。文化适应指的是个体或群体在新的文化环境中，通过调整自己的行为、价值观和信仰，以适应新文化的要求和挑战。对图书馆而言，文化适应意味着图书馆需要理解并尊重不同的文化背景、价值观和阅读需求，提供丰富多样的资源和服务，以满足不同群体的需求。文化适应对于图书馆的持续发展和社会影响力同样至关重要，因为它可以帮助图书馆更好地服务于社区，提高社会认可度。

提高图书馆的社会接受度与文化适应能力，需要从不同角度展开分析。首先，图书馆应该提供多样化的资源和服务，包括书籍、期刊、电子资源、讲座、活动等，以满足不同人群的需求。此外，图书馆可以提供专门针对特定群体的资源和服务，例如儿童、老年人、残疾人等。其次，图书馆应该积极参与社区活动，与社区居民建立良好的关系。例如，图书馆可以组织社区读书会、文化活动、讲座等，吸引更多的人来图书馆，提高其社会接受度。图书馆还应该不断提高服务质量，包括提高员工的专业素养、改进借阅流程、加快资源更新速度等。此外，图书馆应该关注用户反馈，及时解决用户问题，提高用户满意度。图书馆应该致力于推广阅读文化，提高全社会的阅读意识和阅读能力。例如，图书馆可以通过各种渠道宣传阅读的好处，提供阅读建议和指导，倡导人们养成阅读习惯。随着科技的发展，图书馆也应该与时俱进，利用现代科技手段提高服务效率和质量。例如，图书馆可以通过互联网提供远程借阅服务、数字资源等，便捷用户获取资源。

图书馆的社会接受度与文化适应是一个长期且复杂的任务。通过提供多样化的资源和服务、增强社区参与、提高服务质量、推广阅读文化以及与时代发展相结合等方式，图书馆可以提高其社会接受度和文化适应能力，更好地服务于社区，实现其价值和功能。

一、引导公众接受智能化服务

图书馆引领公众接受智能化服务，可以提高服务效率。因为智能化服务能够自动完成一些重复性的任务，如信息检索、借阅、归还等，从而极大提高了图书馆的工作效率，减少了人工错误。智能化服务能根据用户的个人偏好和阅读习惯，推荐合适的阅读资源，提供定制化的阅读计划，用户能够更加便捷地获取所需信息，极大地提升了用户的阅读体验。智能化服务还可以满足不同读者的多元化需求，包括在线查询、电子书下载、语音朗读、关键词提醒等，这些功能都为读者提供了更大的便利。智能化服务的推广和应用，有助于公共图书馆实现从传统服务模式向数字化、智能化服务模式的转型，提高公共图书馆的服务水平和竞争力。公共图书馆可以通过智能化服务吸引更多的读者继承文化，彰显了文化重要的社会价值。同时，智能化服务能够帮助公共图书馆更好地实现社会价值，为文化的畅通传递奠定扎实的读者基础。这有助于促进公共图书馆转型，发挥其社会价值。

图书馆在引导公众接受智能化服务时，需要做好以下几点。①提供智能化的服务设施。图书馆可以提供智能化的服务设施，如自助借还书机、智能书架、智能座位等，方便读者使用，提高图书馆的效率。②积极推广智能化服务。图书馆可以通过宣传、推广等方式，让读者了解智能化服务的优势，例如可以通过宣传册、网站、社交媒体等方式进行宣传。③提供培训和指导。图书馆可以提供相关的培训和指导，帮助读者了解如何使用智能化服务，例如可以定期举办培训讲座、提供在线教程等。④建立良好的反馈机制。图书馆可以建立良好的反馈机制，让读者及时反馈使用智能化服务的问题和意见，以便图书馆及时改进和完善。⑤提供个性化的智能化服务。图书馆可以根据读者的需求和偏好，提供个性化的智能化服务，例如可以根据读者的阅读喜好推荐书籍、提供个性化的阅读建议等。通过以上措施，图书馆可以正确引导公众接受智能化服务，提高图书馆的服务质量和效率，同时满足读者的个性化需求。

二、跨文化智能服务的发展

图书馆跨文化智能服务是指图书馆利用智能化技术和方法，提供多元化的阅读和服务，以满足不同文化背景、不同语言环境的读者的需求。其特征具体包括智能化、多元化、个性化、交互性及跨文化性。跨文化智能服务具有智能化，其采用先进的智能化技术和方法，如人工智能、机器学习等，实现自动化和智能化的信息处理和信息服务；跨文化智能服务具有多元化，通过提供多元化的阅读和服务，包括不同语言、不同文化背景的文献资源，为读者提供多样化的阅读形式和阅读体验；跨文化智能服务具有个性化，能够根据读者的需求和偏好，提供个性化的阅读和服务，满足读者的个性化需求；跨文化智能服务具有交互性，能够与读者进行互动和交流，及时获取读者的反馈和意见，持续改进和优化服务；跨文化智能服务具有跨文化性，能够满足不同文化背景、不同语言环境的读者的需求，提供跨文化的阅读和服务。

随着全球化的不断推进，图书馆作为文化交流和知识传播的重要场所，需要满足不同文化背景读者的需求。跨文化智能服务是图书馆在全球化时代的重要发展方向，旨在提高图书馆服务的智能化水平，更好地满足不同读者的需求，促进文化交流和知识传播。目前，越来越多的图书馆开始提供跨文化智能服务，以满足不同读者的需求。但是，这种服务模式也面临一些挑战，如技术难度大、数据安全问题、服务质量参差不齐等。其中，跨文化智能服务的实施，需要运用人工智能、大数据等技术，但是这些技术的运用难度较大，需要专业技术人员开发和维护。图书馆在提供智能化服务时，需要收集和处理读者的个人信息和借阅记录等数据，这些数据的保护和管理需要采取更加严格的安全措施。不同国家和地区的读者需求和文化背景不同，图书馆提供的跨文化智能服务质量也存在差异，需要不断提高和完善。

未来，随着人工智能技术的不断发展和应用，跨文化智能服务将成为图书馆的重要发展方向。未来跨文化智能服务将呈个性化、智能化、服务多样化的发展趋势。未来图书馆将更加注重读者的个性化需求，通过人工智能技术对读者的借阅行为、阅读偏好、兴趣爱好等信息进行分析和挖掘，为读者提供更加个性化的阅读推荐和服务；将更加智能化，包括智能化的资源推荐、智能化的读者服务等，进一步提高图书馆的服务质量和效率；提供更加多样化的阅读资源和服务，包括纸质图书、电子图书、音频视频资料等，同时提供阅读、借阅、咨询等多种服务；与读者之间的交互性将更强，读者可以通过多种渠道与图书馆进行互动和交流，图书馆将根据读者的反馈和需求不断优化服务。

第五章 智能图书馆案例分析

第一节 先进图书馆的智能服务实践

　　本案例讲述的是位于某大型城市中心的先进图书馆——智慧图书城。智慧图书城是近年来该市人民政府为提高市民文化素质和满足市民阅读需求，投资建设的一项重要文化项目。该图书馆运用了多项人工智能技术，旨在为市民提供更加便捷、高效、个性化的服务。首先，智慧图书城采用了智能预约系统。读者可以通过手机 App 或图书馆官方网站，提前预约需要借阅的书籍。预约系统采用人工智能算法，根据读者的借阅历史、阅读偏好以及书籍的库存情况，为读者推荐可能感兴趣的书籍。同时，系统会根据读者的预约情况，提前为读者准备好书籍，极大地缩短了读者到馆后的等待时间。其次，应用了智能导览服务。以往读者需要自行寻找所需的书籍或咨询工作人员，而智慧图书城采用了智能导览系统，读者只需通过手机 App 或图书馆内的自助终端，输入想找的书籍名称或作者姓名，系统就会为读者规划最佳的寻书路径，并引导读者前往。同时，系统会根据读者的行走路线和停留时间，推荐读者可能感兴趣的书籍或活动。最后，部署了智能安全监控系统。通过人工智能技术对图书馆内的异常行为进行实时监控。例如，系统可以根据监控视频中的人体行为模式，判断是否有读者在禁止吸烟的区域内吸烟，同时系统可以根据读者的面部表情和肢体语言，判断是否有读者在阅读过程中出现焦虑、抑郁等情绪。这些监控数据将有助于图书馆管理员更好地关注和照顾读者。

智慧图书城的智能服务实践，充分运用了人工智能技术，为读者提供了更加便捷、高效、个性化的服务。这些服务不仅提升了读者的阅读体验，还提高了图书馆的管理效率。同时，智能服务的引入加强了图书馆与读者之间的互动性，让读者更加深入地参与图书馆的日常运营。未来，随着技术的不断进步和发展，更多的图书馆将引入人工智能技术，为读者提供更加智能化、高效化的服务，在确保技术尊重和保护读者权益的前提下，充分发挥其最大的功能作用。

一、亚洲地区的智能化先锋

在亚洲地区，图书馆的智能化发展正在不断推进。日本东京大学的图书馆引入了一种智能化的图书管理系统。这个系统利用了 RFID 技术，为每一本书籍都安装了一个 RFID 标签。读者借阅书籍时，只需将书籍放在借阅机上，就能自动识别书籍的 RFID 标签，并将书籍的信息记录在读者的借阅记录中。这个系统不仅提高了借阅的效率，还降低人工出现错误的可能性。

除了借阅的智能化，东京大学的图书馆还引入了智能化的图书搜索系统。这个系统能够理解自然语言，并生成对应的回复。如果读者搜索有关人工智能的书籍，系统就会自动检索包含"人工智能"关键词的书籍，并将结果即时反馈给读者，不仅提高了搜索的效率，也增强了搜索的准确性。

此外，东京大学的图书馆还通过智能化系统进行图书管理，系统能够依据书籍的类型、借阅次数、出版日期等，自动进行排序和分类。这能使图书管理员更加方便地管理书籍，为读者提供了更加优质的阅读体验。

二、欧美地区的图书馆创新案例

欧美地区的图书馆创新案例有很多，例如美国纽约公共图书馆，该图书馆与教育机构合作，提供在线课程和讲座，并使用虚拟现实技术，帮助学生更好地理解历史和文化。此外，该图书馆还与当地学校合作，组建了阅读俱乐部，开展了阅读营地等活动，以吸引更多的年轻人参与。英国牛津大学图书馆利用人工智能技术，开发了一个名为"Oxford University Library Finder"的搜索引擎，帮助读者更快地找到所需的书籍和资料。此外，该图书馆还与当地企业和机构合作，提供定制的图书馆服务和培训。德国柏林公共图书馆采用了一种称为"图书馆之友"的模式，通过与读者建立信任和合作关系，鼓励读者参与图书馆的各项活动，并为其提供定制的服务和资源。此外，该图书馆还定期举办展览、讲座、写作工作坊等活动，以吸引更多的读者。加拿大温哥华公共图书馆采用了一种名为"Library as a Platform"的策略，将图书馆建设成为一个综合性服务平台，提供包括阅读、学习、交流、创新在内的多元化服务。此外，该图书馆还与当地社区和企业合作，提供更加个性化和多样化的服务。

以上这些创新案例，都具有以下特点：善于利用新技术和工具提高服务效率和质量；与当地企业和机构建立合作关系，提供更加个性化和多样化的服务；通过举办各种活动吸引更多的读者参与；重视营造创设和宜人的阅读环境。这些创新案例，都可以为我国的图书馆建设提供一些启示和借鉴。

第二节　小型图书馆的可行性研究

随着互联网技术和移动阅读的快速发展，传统图书馆受到一定程度的冲击。然而，对小型社区或特定群体而言，图书馆仍然是重要的知识资源中心。考虑到便利性、成本效益和社区需求，可开设一个小型图书馆。该项目旨在为当地居民提供一个便捷的知识资源获取渠道，同时促进社区的文化和教育发展。目标群体包括学生、老年人、研究人员和业余学习者。

在市场分析方面，分别对市场需求和竞争状况进行了解，通过调查发现，当地居民对小型图书馆的需求较高。多数人希望有一个方便借阅图书的地方，特别是在夜晚和周末。与其他大型图书馆相比，小型图书馆具有便利性和针对性的优势。但也要注意，随着一些线上图书平台和电子阅读设备的普及，可能会对传统图书馆带来一定影响。

在制定技术方案方面，首先要选定一处合适的位置，如社区中心或商业区，确保空间宽敞、设施齐全；然后采用图书馆管理系统，实现图书借阅、归还、分类等；最后还要为工作人员提供专业培训，确保人员熟悉图书馆管理系统，能够提供有效的咨询服务。

在组织结构与人员配置方面，图书馆需要配备负责人、图书馆员工及志愿者。负责人主要是负责图书馆的日常运营和管理；图书馆员工则负责图书管理、借阅服务以及读者咨询服务。志愿者负责协助图书馆员工作，参与图书馆活动策划等相关工作。

在财务分析方面，可包括资金需求、成本估算、收入预测、投资回报等。小型图书馆的初期投资主要用于硬件设施、软件系统购买和人员培训。成本估算包括房租、人员工资、系统维护费用等。收入预测是指通过图书借阅、逾期罚款和其他活动收入。投资回报是指图书馆的盈利状况。

在开展相关工作的过程中，应当注重风险评估与对策的实施。如果读者数量减少，需要通过定期调查和调整图书种类，满足读者需求，并加强宣传和推广。如果维护成本增加，则需定期检查和维护设备，确保设备长期稳定运行。同时要与供应商建立长期合作关系，进一步降低维护成本。

一、资源有限情境下的智能服务实践

在图书馆资源有限的情境下，智能服务实践可以优化资源配置，提高服务效率，满足读者的需求。比如说，在智能预约系统中，利用人工智能技术，建立预约系统，读者可以提前在线预约所需的图书资源。系统可以根据预约情况，合理分配图书资源，减少读者等待时间，提高服务效率。在智能推荐系统中，通过分析读者的借阅历史、阅读偏好等信息，建立智能推荐系统，向读者推荐可能感兴趣的图书资源，帮助读者更好地发现和获取适合自己的资源，提高满意度。在智能导览系统中，图书馆内应用人工智能技术可以实现自助导航和智能问答，读者可以通过系统查询图书位置、借阅状态等信息，享受更加便捷的服务。建立智能咨询服务平台，通过自然语言处理等技术，实现自动回答读者问题、提供参考咨询等功能，及时解决读者的疑问，提高服务效率和质量。建立智能管理系统可以实现图书馆资源的自动化管理，通过人工智能技术，对图书进行分类、编目、排架等操作，提高管理效率和质量。同时，系统可以对读者信息进行管理，提供更加个性化服务。

这些智能服务实践可以帮助图书馆更好地满足读者的需求，提高服务效率和质量。但是，这些实践也需要一定的技术支持和投入，图书馆需要根据自身情况进行选择和实施。

二、小型图书馆的成功经验

案例一：社区图书馆的兴起

在某个城市，社区图书馆非常受当地居民欢迎。这些图书馆通常位于居民区附近，提供各种类型的书籍、杂志和电子资源，包括儿童图书、小说和非小说类书籍等。这些图书馆的成功之处在于能够满足当地居民的需求，为其提供方便的阅读和学习资源。

案例二：图书馆合作网络

一个小型城市拥有多个小型图书馆，这些图书馆之间形成了一个合作网络。每个图书馆都保留自己的独立性和特色，但它们共享资源、信息和经验。这种合作模式能使这些图书馆更好地满足读者需求，提高资源利用率，并促进当地文化发展。

案例三：科技驱动的图书馆

科技驱动的图书馆提供各种科技设备，如电脑、打印机、扫描仪等，以及电子资源，如数据库、电子书籍和在线学习资源。这些图书馆吸引了年轻读者和学术研究人员，为他们提供方便的科技资源和研究工具。

案例四：图书馆作为社区中心

一个小型城市将当地的一个旧学校改造成一个社区图书馆，这个图书馆不仅提供书籍和资源，还成为当地社区的中心。通过举办各种活动，如讲座、读书俱乐部、儿童故事会等，吸引了大量的读者和社区成员。这种模式成功地将图书馆转变为社区的重要聚集地，提高了人们对阅读和学习的重视程度。

以上这些成功案例都表明小型图书馆可以通过满足当地居民的需求、提高资源利用率、提供科技资源和举办社区活动来取得成功。关键是保持对读者需求的理解和关注，并灵活地调整图书馆的服务和资源来满足这些需求。

第三节 未来趋势与展望

随着科技的进步，未来图书馆将更加趋向于数字化和智能化。数字图书馆已经成为一种趋势，提供 24 小时在线服务，满足读者的远程访问需求。同时，图书馆也将借助人工智能技术，提高信息检索和处理的效率，为读者提供更为精准的个性化服务。同样，小型图书馆将更加深入社区，与社区紧密结合，成为社区文化中心和知识中心。图书馆将与社区居民、学校、企业等，建立更紧密的合作关系，共同推动社区的文化发展和知识传播。

小型图书馆将更加注重专业化发展，根据所在地区的特性和需求，打造具有特色的图书馆。比如，一些以科技、环保、法律等为主题的图书馆，将更加专业化地服务于相关领域的读者。如今随着环保意识的增强，小型图书馆将更加注重绿色环保。在建筑设计、能源利用、资源回收等方面，更加注重环保和可持续发展。

　　小型图书馆将更加注重人性化和个性化服务，关注读者的需求和偏好，致力于提供更加贴心和个性化的服务体验。比如，通过大数据分析和人工智能技术，为读者提供个性化的阅读推荐和服务。未来，小型图书馆，是多元化、智能化、社区化、专业化和特色化的。在应对数字化、智能化、绿色环保、人性化服务等挑战时，图书馆需要不断创新和发展，以适应社会的快速变化和需求，为读者提供更加优质的服务。

一、新兴技术对图书馆的影响

　　新兴技术对图书馆的影响主要体现在以下几个方面。

　　一是资源和服务模式的变化。在新的技术环境下，图书馆的资源和服务模式发生了显著变化。传统的图书馆以实体书籍的借阅为主，但随着互联网和数字化技术的发展，图书馆的资源逐渐向数字化转型，电子书籍、电子期刊、数据库等数字资源越来越丰富。同时，图书馆的服务模式也发生了变化，从传统的被动服务向主动服务转变，可通过大数据分析读者的阅读习惯和需求，精准为其提供个性化的阅读推荐服务。

　　二是空间和环境的变化。新兴技术对图书馆的空间和环境产生了影响。现代图书馆不仅是提供书籍借阅的空间，更是成为了集信息交流、学术交流、文化交流等多种功能于一体的场所。同时，随着环保理念的普及和技术的进步，智能节能技术也逐渐应用于图书馆，例如通过传感器控制灯光和空调的开关，有效降低能源消耗。此外，新兴技术也对图书馆的布局和服务产生了影响。传统的图书馆布局往往是以书架和阅读桌椅为中心，现代图书馆则更加注重空间布局的人性化和舒适性，例如设置多功能阅读区、讨论室、休息区等，以满足读者的多元化需求。同时，随着互联网技术和移动应用的发展，图书馆也逐步实现了数字化和智能化服务，例如通过微信公众号、移动 App 等渠道，为读者提供预约、查询、借阅等便捷服务。在文化交流方面，现代图书馆也扮演着越来越重要的角色。不仅提供了各种文化活动和讲座，还成为了艺术家、作家、学者等文化人士的聚集地。这些文化交流活动不仅有助于提高读者的文化素养，还有助于促进不同地区和不同文化之间的交流和融合。这些变革不仅为读者提供了更加便捷和舒适的学习和阅读环境，还进一步推动了图书馆事业的发展和进步。

三是管理效率的提高。新兴技术的应用提高了图书馆的管理效率。例如，通过自动化管理系统，实现图书的自助借阅和归还，提高借阅效率；通过智能化安防系统，实时监控图书馆的安全状况，确保读者的安全。这些技术的应用都为图书馆的管理带来了便利和效率。此外，新兴技术可以提高图书馆的服务质量。例如，通过引入自动化排架系统，快速定位和查找图书，减少读者查找图书的时间和精力；通过智能化信息检索系统，帮助读者快速找到所需的信息和资料，提高读者的检索效率。这些技术的应用都为读者提供了更加便捷和高效的服务体验，使图书馆成为读者学习和研究的重要场所。因此，新兴技术的应用已经成为图书馆管理的重要趋势。

四是读者服务的拓展。新兴技术不仅改变了图书馆的资源和服务模式，还拓展了读者服务的内容和形式。例如，通过移动图书馆 App，读者可以随时随地获取图书馆的资源和服务；通过在线学习平台，读者可以在家中自主学习各种课程；通过社交媒体平台，读者可以与图书馆进行互动交流。这些新的读者服务形式满足了读者的多元化需求，也提高了图书馆的影响力和吸引力。

新兴技术对图书馆的影响是多方面的，不仅改变了图书馆的资源和服务模式，也拓展了读者服务的内容和形式。未来随着技术的不断进步和发展，图书馆将继续面临新的挑战和机遇。

二、智能图书馆的未来愿景

如今的世界正在以惊人的速度走向数字化，而图书馆也毫无疑问地加入了这场变革之中。从那尘封的纸质书籍到轻盈便携的电子书籍，从烦琐的手动检索，到高效的自动化检索，图书馆经历了翻天覆地的变化。然而，这仅仅是个开始。随着科技的发展，人工智能技术逐渐渗透各个领域，图书馆自然也不例外。图书馆不再是那个只能提供纸质书籍和手动检索的地方，越来越智能化。通过引入人工智能技术，图书馆可以提供更加个性化、高效的服务，以满足读者的需求。人工智能不仅可以自动化地完成一些烦琐的任务，如图书的借阅、归还、整理等，还可以通过深度学习技术对图书进行分类、编目、检索等操作，提高图书馆的工作效率。同时，人工智能可以根据读者的阅读习惯和偏好，推荐相应的图书资源，提供更加个性化的阅读服务。除此之外，人工智能可以帮助图书馆进行数据分析和预测。通过对借阅数据、读者行为数据等进行分析，图书馆可以预测读者的阅读需求和趋势，及时调整图书采购策略和推广活动，提高图书馆的吸引力和使用率。未来，随着人工智能技术的发展和应用，图书馆将更加智能、便捷，为读者提供更加卓越的服务。

未来图书馆将更加自动化和智能化。通过使用物联网、人工智能和大数据等技术，图书馆可以自动追踪读者的行为和偏好，以便为用户提供更加个性化的服务。例如，图书馆可以通过物联网技术来实时监测图书的状态和位置，以及预测读者可能感兴趣的书籍；通过人工智能和大数据分析技术，分析读者的行为和偏好，以便提供更精准的推荐和服务，通过读者的借阅记录和阅读习惯，向其推荐相关的书籍和资料，预测其未来的阅读需求和兴趣。通过这些技术的应用，图书馆不仅可以提高服务质量，满足读者的个性化需求，还可以提高运营效率和管理水平，图书馆可以通过这些技术快速定位并跟踪缺失的图书，及时采取措施找回并管理，减少图书的流失和损坏。同时，图书馆可以通过这些技术及时响应和处理读者的反馈，不断改进和优化服务流程，提高读者的满意度和忠诚度。

随着技术的发展和应用，图书馆将更加智能化和自动化，为读者提供更加便捷、高效、个性化的服务。同时，图书馆也将面临着一些挑战和问题，例如如何保护读者的隐私和个人信息的安全，如何确保技术的可靠性和稳定性等。因此，图书馆需要在应用这些技术的同时，注重技术的安全性和可靠性，加强对读者隐私的保护和管理。

智能推荐系统是未来图书馆的发展方向，通过分析读者的阅读历史和偏好，智能推荐系统可以向读者推荐相关书籍和资料。这不仅可以提高读者的满意度，还可以帮助读者更好地了解和探索自己的兴趣领域。因此，未来图书馆的发展方向不仅是提供传统的借阅服务，更是成为人们获取知识和信息的重要渠道。依据读者的阅读历史和偏好，推荐相关的知识点和延伸阅读内容，帮助读者更深入地了解和探索某个领域的知识。除了智能推荐系统，未来图书馆还将采用人工智能技术、大数据分析等手段，更好地管理和维护图书资源，提高读者的阅读体验和服务质量。例如，通过人工智能技术，自动化地完成图书的分类、编目和排架等工作，提高图书管理效率；通过大数据分析，了解读者的阅读偏好和行为特征，为读者提供更精准的推荐服务等。未来图书馆的发展将更加注重读者的需求和体验，通过引入智能推荐系统等先进技术手段，为读者提供更高效、精准、个性化的服务，同时将积极探索新的服务模式和业务形态，更好地满足人们对于知识和信息的需求。

电子书借阅系统是未来发展方向之一，图书馆将更加注重电子书的借阅和流通。通过使用先进的电子书管理系统，图书馆可以方便地管理电子书的库存、流通和借阅情况。这将使读者更加方便地获取自己需要的书籍，也可以节省图书馆的空间和人力成本。电子书借阅系统的推广不仅为读者带来了便利，也为图书馆节省了大量成本。具体而言，电子书的存储和流通不再受物理条件的限制，可以随时随地满足读者的需求。其次，电子书的借阅流程更加便捷，读者只需要在系统中进行简单的操作就可以轻松地借阅到自己需要的书籍。同时，电子书管理系统可以根据读者的借阅历史和阅读偏好，推荐相应的书籍，帮助读者更好地选择适合自己的书籍。这种个性化的推荐服务不仅可以提高读者的阅读满意度，也可以促进图书馆的图书流通和利用率。在未来发展中，电子书借阅系统还将不断升级和完善。例如，可以通过引入人工智能技术，自动识别读者的阅读偏好和习惯，为读者提供更加精准的推荐服务；可以通过引入虚拟现实技术，让读者更加真实地体验到阅读电子书的乐趣；可以通过引入大数据技术，对图书馆的电子书库存、流通和借阅情况进行全面分析和预测，为图书馆的管理和决策提供更加精准的数据支持。通过不断升级和完善电子书管理系统，图书馆不仅可以提高服务质量和效率，也可以更好地满足读者的需求和期望，为读者带来更加便捷、高效、个性化的阅读体验。

智能安全系统是保障读者信息安全的重要举措，未来智能图书馆将配备先进的安全系统，以确保读者的安全和隐私。为此，使用人脸识别技术自动监控进出图书馆的人员，以便采取必要的措施来保护读者的安全。此外，智能图书馆将采用加密技术来保护读者的个人信息和借阅记录。智能安全系统还将采取其他措施来保障读者的安全和隐私。例如，通过使用智能传感器和监控设备，图书馆可以实时监测图书馆内的温度、湿度、光照等环境因素，以及读者的行为和活动。如果发现异常情况，智能安全系统可以立即触发警报并通知图书馆工作人员。另外，智能图书馆还将采用大数据分析和人工智能技术，对读者的行为和阅读习惯进行分析。这有助于图书馆更好地了解读者的需求和偏好，并提供更加个性化的服务。同时，通过对借阅记录和行为进行分析，图书馆可以及时发现异常情况。在这种情况下，智能安全系统可以采取相应的措施如提醒读者。通过这些技术手段，图书馆将更好地保障读者的安全和隐私，同时提供更加个性化、便捷的服务。

第六章　用户参与与智能服务的互动性

　　用户参与和智能服务的互动性，是当前数字化时代的重要话题。随着技术的发展，智能服务正变得越来越普及，用户参与为企业提供了深入了解用户需求和行为的重要途径。因此，用户参与对于智能服务的成功至关重要。通过让用户参与服务的设计和开发过程，企业可以更好地了解用户需求，进而提高服务的针对性和实用性。此外，用户参与可以增加用户的忠诚度和满意度，提高服务质量。智能服务基于大数据、人工智能等技术，能够自动化、智能化地响应用户需求，提高服务效率和质量。同时，智能服务可以通过数据分析和预测，提前发现用户的需求和问题，提供更加个性化的服务。用户参与和智能服务的互动性，可以达到更好的服务效果。例如，通过让用户参与智能服务的改进过程，企业可以了解用户对服务的真实需求和反馈，从而优化服务。而智能服务也可以通过分析用户参与的数据，进一步改进服务。

　　尽管用户参与和智能服务的互动性具有诸多优势，但也存在一些挑战。例如，如何保障用户的隐私和数据安全、如何确保智能服务的准确性和可靠性、如何提高用户的参与度和满意度等。针对这些问题，企业需要采取相应的策略，诸如加强数据安全管理、优化算法提高服务质量、加强用户沟通和反馈等。用户参与和智能服务的互动性是服务发展的重要趋势，通过加强用户参与和智能服务的融合，企业可以提供更加优质、高效、个性化的服务，满足用户的需求和期望。

第一节 用户参与的理论基础

随着信息技术的飞速发展，图书馆的角色和功能也发生了深刻的变化。如今，图书馆不仅是书籍的储存和借阅场所，还转变为信息交流、知识共享的空间。在这个过程中，图书馆用户参与的重要性日益凸显。用户参与不仅能够提高图书馆的服务质量，还能够促进图书馆的持续发展。

图书馆用户参与是指图书馆用户在借阅书籍、参加活动、获取信息等过程中，主动参与、互动和反馈的行为。这种参与既包括对图书馆服务的评价和建议，也包括对图书馆资源的建设和共享。通过用户参与，图书馆可以更好地了解用户需求，优化资源配置，提高服务质量。同时，用户参与能够促进图书馆与用户的互动和交流，增强用户的归属感，并提高用户对阅读服务的满意度。

图书馆用户参与的理论基础包含四个方面。

一是用户中心理论。用户中心理论认为，图书馆的一切工作应以用户为中心，以满足用户需求为出发点。在图书馆实践中，应充分了解用户需求和偏好，提供个性化服务，并鼓励用户参与图书馆的各项活动，提高用户满意度。用户中心理论在图书馆实践中的应用不仅体现在服务方面，还贯穿于图书馆管理的全过程。在人员管理方面，图书馆应关注员工的成长与发展，提供专业的培训和学习机会，使员工不断提升自己的能力和素质，以便更好地服务于用户。在资源建设方面，图书馆应以用户需求为导向，深入挖掘用户的阅读偏好和学术需求，积极收集和整理各类文献资源，建立完善的文献资源保障体系，满足用户的多元化需求。在各项活动中，图书馆应充分鼓励用户参与，发挥用户的主体作用。例如，可以邀请用户参与图书馆的阅读推广，让用户自主推荐优秀图书、分享阅读心得；可以组织用户参与各类知识竞赛、文化讲座等，提高用户的文化素养和综合素质；可以引导用户参与图书馆的志愿者活动，让用户成为图书馆的合作伙伴，共同促进图书馆事业的发展。为了更好地满足用户需求，图书馆还应积极运用现代化的信息技术手段，不断提升自身的服务能力和管理水平。例如，可以利用大数据技术分析用户的借阅行为和阅读偏好，为用户提供更加精准的个性化推荐服务；可以利用人工智能技术提高图书馆的自动化水平，提高工作效率和用户体验；可以利用云计算、物联网等技术手段，拓展图书馆的虚拟服务空间和服务方式，推动线上线下的融合发展。因此，用户中心理论在图书馆实践中的应用谓是多方面的、全方位的。只有始终坚持以用户为中心的理念，不断提高自身的服务能力和管理水平，才能更好地满足用户需求，为用户的学术研究和文化生活提供更好的支持和帮助。

二是社区建设理论。社区建设理论认为，图书馆应打造一个以用户为中心的社区环境，这个社区能提供资源和服务，是交流和共享的平台。通过鼓励用户参与社区活动，能够提高用户的归属感和参与度，促进图书馆的发展。在社区建设理论的影响下，图书馆不仅是静态的书籍收藏和借阅场所，还是活跃的社区中心。该社区中心以用户为主，不仅提供了丰富的资源和服务，还为用户提供了一个交流和共享的平台。为了鼓励用户参与社区活动，图书馆会定期举办各种主题的讲座、研讨会和展览，吸引用户前来参加。这些活动不仅增加了用户的归属感，还提高了用户的参与度，使用户更加关注图书馆的发展。同时，图书馆通过建立社交媒体群组、在线论坛等方式，使用户能够随时分享自己的想法和建议，进一步推动了图书馆的发展。在社区建设理论的指导下，图书馆不再是一个孤立的机构，而是与用户、与社区紧密相连的一部分。通过鼓励用户参与社区活动，图书馆不仅提高了用户的归属感和参与度，还进一步推动了自身的发展，实现了与用户的共同成长。这种发展模式不仅发挥了图书馆的价值，也使其成为了一个真正意义上的社区中心。

　　三是知识管理理论。知识管理理论认为，图书馆应通过有效的知识管理，促进知识的流通和共享。用户参与是实现这一目标的重要途径。通过用户的参与收集大量的用户反馈和见解，这些信息对于优化图书馆的资源配置和服务质量具有重要的价值。知识管理理论进一步提出，图书馆应该利用这些用户反馈和见解，来促进知识的流通和共享。这可以通过建立用户反馈系统来实现。该系统可以让用户在享受图书馆服务的同时，随时提出对图书馆的看法和建议。此外，图书馆可以定期举办读者座谈会，让用户更直接地参与图书馆的管理。用户参与不仅可以促进知识的流通和共享，还可以提高图书馆的服务质量。通过收集用户的反馈和见解，图书馆可以了解用户的需求和偏好，从而更好地满足用户的需求。同时，用户参与可以帮助图书馆更好地了解用户的兴趣爱好和需求，以便更好地配置资源和服务。在实施用户参与的过程中，图书馆需要注意以下几点。首先，要确保用户反馈渠道畅通无阻，用户能够方便快捷地提供反馈和建议。其次，要尊重用户的隐私权和知识产权，严禁泄露用户的个人信息，侵犯用户的知识产权。最后，要认真对待用户的反馈和建议，及时采取措施解决问题，提高服务质量。图书馆应通过有效的知识管理，促进知识的流通和共享，用户参与是实现这一目标的重要途径。通过用户的参与收集大量的用户反馈和见解，从而提高图书馆的服务质量，加速知识的流通和共享。

　　四是创新服务理论。创新服务理论主张图书馆应不断探索新的服务模式和途径，以满足用户不断变化的需求。在这个过程中，用户的参与和反馈是推动服务创新的重要动力。只有真正了解用户的需求和期望，才能提供真正有价值的服务。为此，图书馆应积极与用户互动，收集用户的反馈和建议，了解用户的需求和期望。同时，图书馆应该鼓励用户参与服务创新的过程，让用户提出自己的想法和建议，从而不断完善和优化服务。此外，图书馆应该注重培养员工的创新意识和创新能力，使其具备敏锐的洞察力和灵活的思维，能够及时发现并解决用户的问题。同时，图书馆应该提供相应的培训和支持，帮助员工提升技能和能力，以便更好地为用户提供服务。在服务创新的过程中，图书馆还应该注重技术的运用和发展。通过引入先进的技术和工具，图书馆可以不断提升服务的效率和质量，满足用户不断变化的需求。例如，图书馆可以利用人工智能技术、大数据分析技术等，为用户提供更加智能化、个性化的服务。最后，图书馆应该不断总结和分享服务创新的经验和成果。通过加强与其他图书馆和相关机构的合作与交流，图书馆可以相互学习和借鉴，共同推动服务创新的发展。同时，图书馆应该注重宣传和推广，让更多的人了解和使用图书馆的服务，从而更好地满足用户需求。

用户参与是当前图书馆发展的重要趋势，通过用户参与，图书馆可以更全面地了解用户需求，优化资源配置，提高服务质量。同时，用户参与能够促进图书馆与用户的互动和交流，增强用户的归属感和满意度。因此，图书馆应积极探索有效的用户参与途径和方法，鼓励用户参与图书馆的各项工作。只有这样，才能真正实现以用户为中心的服务理念，不断推动图书馆事业的持续发展。

一、用户参与的概念与重要性

用户参与是指读者参与图书馆管理工作的计划、讨论、决策及实施的过程，是图书馆服务和管理的新形式。涵盖文献采访、读者服务、图书馆决策等。首先，可以提升图书馆管理能力和管理水平。通过读者参与，图书馆能及时获取更多对图书馆各项工作的评价，从公平公正的角度，反馈更真实的图书馆工作信息。针对读者提出的管理工作中存在的不足和漏洞，图书馆可以作出正确的判断，进而提升管理能力和管理水平。其次，可以增强读者满意度。随着图书馆管理措施的不断完善，可以使读者感受到更加全面的人文关怀，进而增强读者对图书馆的满意度。同时，读者通过身临其境的感受宣传图书馆，能帮助图书馆巩固现有的读者，发展更多的新读者，从而获得一大批可靠且忠实的读者人群。最后，可以促进图书馆事业发展。读者在图书馆管理中发挥了良好的作用，可以将图书馆存在的价值进一步展现，促进图书馆事业进一步发展。

例如，某市图书馆致力于为市民提供高质量的图书借阅服务。随着市民对阅读需求的增加，图书馆决定开展一项用户参与计划，以提高服务质量并更好地满足用户的需求。首先，该图书馆进行了用户需求调查。为了解用户需求，该图书馆开展了一次全面的用户调查。调查结果显示，用户对图书馆的借阅流程、书籍种类和更新速度、阅读推广活动等方面存在不满。针对这些问题，图书馆制定了一系列改进措施。针对用户反映的借阅流程烦琐问题，图书馆对借阅流程进行了全面优化。增设了自助借书设备，实现了线上预约和自助借还书功能。同时，简化借阅手续，缩短了办证时间和借书等待时间。这些改进使得借阅流程更加便捷高效。根据用户对书籍种类和更新速度的需求，图书馆加大了对书籍资源的投入力度，增加了各类畅销图书和热门主题的书籍，并及时更新和补充。此外，图书馆加强了与出版社的合作，引进更多高质量的图书资源。为了提高用户的阅读兴趣和参与度，图书馆举办了各种阅读推广活动，包括读书分享会、作家讲座、儿童阅读指导等。这些活动吸引了众多市民积极参与，提高了图书馆的使用率和满意度。为了确保用户参与计划的持续改进，图书馆还建立了用户反馈机制。通过举办定期的读者座谈会、线上反馈渠道等途径，广泛收集用户意见和建议。对于合理的建议，图书馆应及时采纳并加以实施，不断优化服务质量，丰富活动内容。

该图书馆通过用户参与计划，成功地提高了服务质量并更好地满足了用户需求。在实施过程中，图书馆应注重与用户沟通，了解用户的真实需求，并采取有效措施加以改进。同时，图书馆应关注用户的反馈，确保服务的持续改进和优化。这种用户参与的做法，有助于提高图书馆的吸引力，扩大图书馆的社会影响力。用户参与不仅可以提高图书馆的管理水平，增强读者满意度，还可以促进图书馆事业的发展。因此，图书馆应积极推动用户参与，实现图书馆的有效管理。

二、用户参与的理论框架

图书馆用户参与的理论框架，可以从图书馆学、心理学以及其他学科的理论进行构建。图书馆学理论是构建图书馆用户参与理论框架的核心，强调图书馆作为信息中心的地位和作用，以及图书馆在信息传播、知识扩散和文化遗产保护等方面的职责。在图书馆学理论的指导下，人们可以更好地理解图书馆用户参与的本质和目的，以及图书馆在促进用户参与方面的角色和责任。基于此，图书馆用户参与理论框架得以建立和完善。这个理论框架将用户参与视为一个动态的过程，强调用户在图书馆活动中的主动性和创造性。同时，它将图书馆视为一个平台，通过这个平台，用户可以参与信息的组织、评价和传播，从而推动知识的创新和传播。在图书馆用户参与理论框架中，用户参与被分为不同的层次和形式，其中包括对图书馆资源的利用和评价、对图书馆活动的参与和贡献，以及对图书馆管理的参与和决策。这些不同层次的参与形式，既体现了用户在图书馆中的角色和责任，也反映了图书馆在促进用户参与方面的努力和挑战。在图书馆学理论的指导下，可以进一步探讨图书馆用户参与的未来发展趋势。随着信息技术的发展和社会环境的变化，图书馆用户参与的形式和内容也将不断拓展和深化。例如，在数字化时代，图书馆可以通过建立用户驱动的数字服务模式，鼓励用户参与数字资源的建设和管理；可以通过开展社区合作项目，推动用户参与文化遗产的保护和传承。因此，在图书馆学理论的指导下，人们可以更好地理解图书馆用户参与的本质和目的，以及图书馆在促进用户参与方面的角色和责任，不断拓展图书馆用户参与的形式和内容，以更好地满足用户需求，适应社会的新发展。

心理学理论在图书馆用户参与理论框架中也占有重要地位。心理学关注的是人的心理活动和行为，对于理解用户参与的心理动机和行为特点具有重要意义。运用心理学理论可以更好地了解用户的心理需求、信息行为和决策过程，从而设计更符合用户心理特点的参与活动和信息服务。此外，心理学理论可以帮助人们理解用户参与过程中的情感体验。用户的参与行为不仅受心理因素的影响，还受情感体验的影响。运用心理学理论可以更好地了解用户的情感体验和情感需求，从而设计更符合用户情感特点的参与活动和信息服务。同时，心理学理论可以帮助人们预测用户参与行为和决策过程。通过深入了解用户的心理需求、信息行为和决策过程，预测用户在参与活动中的行为和决策，从而更好地引导和帮助用户参与。因此，图书馆可以运用心理学理论更好地了解用户的心理需求、情感体验和行为特点，从而设计更符合用户心理特点的参与活动和信息服务，调动图书馆用户参与的积极性。

除了图书馆学和心理学，其他学科的理论也可以为构建图书馆用户参与理论框架提供支持。例如，社会学可以为理解用户参与的社会影响和作用提供思路。社会学是一门研究人类社会行为、社会关系和社会结构的学科，可以帮助理解用户参与的社会影响和作用，从而更好地设计和开发产品或服务。在社会学领域，社会影响是指人们在社会中的行为、态度和价值观受他人影响和制约的现象。社会作用是指社会对个人或群体的影响，以及个人或群体对社会的影响。这些概念可以应用于许多领域，包括产品设计、市场营销、教育和政策制定等。例如，在产品设计领域，社会学可以帮助理解用户对产品的态度和使用行为受社会环境的影响，用户可能会受到家人、朋友、同事或社会舆论的影响，从而改变自身对产品或服务的看法和行为。此外，经济学可以为分析用户参与的成本效益和资源配置提供借鉴，信息技术可以为探索用户参与的新模式和新工具提供支持。在图书馆用户参与中，社会学可以帮助图书馆工作人员理解用户参与的社会影响和作用，从而更好地设计和开发产品或服务。通过借鉴社会学中的激励理论，设计更具吸引力的图书馆活动，或者运用社会学的决策理论，优化图书馆资源分配，以提高用户满意度。

　　管理学为研究图书馆用户参与提供了宝贵的视角，通过研究管理学的理论和方法，图书馆可以更好地理解如何有效激发和引导用户参与图书馆活动的策略和手段。例如，可以借鉴管理学中的激励理论，设计更具吸引力的图书馆活动，或者运用管理学的决策理论，优化图书馆资源配置等。在图书馆用户参与方面，管理学可以发挥多种作用。首先，管理学提供了一套指导原则，可以帮助图书馆更好地理解和管理用户参与。这些原则包括用户需求分析、资源优化配置、服务质量提升等。管理学中的组织管理理论可以帮助图书馆建立有效的用户参与机制，包括制定参与计划、设计参与流程、协调资源分配等；管理学中的沟通与协调理论可以帮助图书馆与用户之间建立有效的沟通渠道，促进双方的信息共享和意见反馈，提高用户满意度和参与度。管理学可以为图书馆提供决策支持，帮助图书馆制定更加科学合理的用户参与策略，包括目标设定、方案制定、效果评估等；可以为图书馆提供培训和发展的支持，帮助图书馆员工提高管理和服务技能，提升用户参与的水平和效果。管理学在图书馆用户参与中发挥着重要作用，可以帮助图书馆更好地理解和管理用户需求，提高服务质量，促进图书馆与用户之间的互动与合作。

　　教育学对构建图书馆用户参与理论框架有着重要的启示作用。教育学关注学习者的特点和需求，可以为图书馆提供了解和满足用户个性化需求的理论基础。例如，可以运用教育学中的多元智能理论，策划和推广针对不同用户群体的阅读活动，或者借鉴教育学中的教学策略，创新图书馆的信息服务方式，以更好地满足用户的阅读和学习需求。教育学可以为图书馆提供有关教育实践和理论的全面知识，帮助图书馆员工更好地理解用户的需求和行为。这有助于图书馆员工为不同年龄段、不同背景和教育水平的用户，提供更为针对性的服务。教育学在图书馆的读者服务中具有指导作用，例如，图书馆可以通过运用教育学原理，根据不同读者的需求和特点，提供适合的阅读材料和方法。同时，教育学可以为图书馆员工提供教育方面的专业知识和技能，更好地指导和帮助用户进行自我学习和发展。教育学还可以帮助图书馆员工评估和改进服务质量。通过了解教育学原理，图书馆员工可以更好地理解用户的需求和行为，从而改进服务策略，提高用户满意度。教育学在图书馆的用户参与中还发挥着促进学习的作用，通过运用教育学原理，图书馆可以为用户提供更好的学习环境和资源，进一步提升用户的学习效果。

在构建图书馆用户参与理论框架时，需要有多学科的理论支持。通过综合运用这些理论可以更全面地理解用户参与的现象，更有效地解决用户参与的问题，更精准地预测用户参与的未来趋势，从而为图书馆事业的繁荣和发展作出更大的贡献。与此同时，在构建图书馆用户参与理论框架时，图书馆需要综合考虑以上各学科的理论，以全面涵盖用户参与的各个方面。并根据实际情况进行实证研究和案例分析，以验证和完善理论框架的有效性和实用性，进而指导图书馆更好地理解和促进用户参与的行为，提高图书馆的信息服务和知识传播能力。

第二节　智能服务与用户参与的关系

智能服务与用户参与之间关系密切，智能服务是指利用人工智能、大数据等技术，为用户提供更为个性化、高效、便捷的服务体验。用户参与是指用户在享受服务的过程中，能够积极参与服务的规划、设计、实施等环节中来，共同推动服务质量的提升。在智能服务中，用户参与可以提高服务质量。用户是最了解自身需求和痛点的人，通过参与服务的规划、设计、实施等环节，提供最直接、最真实的反馈和建议，帮助服务提供者更好地了解用户需求，从而优化服务流程，提高服务质量；用户参与可以增强用户黏性。用户参与可以让用户更加积极地参与服务建设，增加用户的归属感和黏性，提高用户的满意度和忠诚度。用户参与可以促进创新，因为用户参与可以为服务提供者带来新的思路和想法，激发创新和创造力。同时，用户可以从参与中学习到新的知识和技能，提高自身的综合素质。用户参与可以优化服务体验，用户参与可以让服务提供者更加了解用户需求，从而优化服务流程，提高服务效率和质量，为用户带来更加优质的服务体验。

在智能服务的实现过程中，服务提供者需要建立一套完善的用户参与机制，包括用户反馈渠道、用户建议收集等，以确保用户的意见和建议得到及时、有效的回应和处理。在用户参与的过程中，还需要注意保障用户的隐私和数据安全，避免用户的个人信息被泄露或滥用。图书馆通过建立良好的信任关系，让用户更加放心地参与智能服务建设，提高用户的忠诚度和满意度。智能服务与用户参与之间关系密切，只有充分认识到这一点，并采取相应的措施和方法，才能真正实现智能服务的价值最大化。

一、用户在智能服务中的角色

用户在智能服务中扮演着至关重要的角色。首先，用户提供个人数据和反馈，有助于智能服务改进其算法和模型，进而使其更加精准地理解用户需求和意图。同时，用户可以通过提供评价和建议，帮助智能服务不断优化和改进。用户可以通过与智能服务的交互，定制自己的服务和体验。例如，用户可以通过语音助手或智能客服系统，自定义命令和查询，以便获取所需信息。通过智能服务获得问题解答、技术支持和解决方案，智能服务可以快速响应和处理用户的需求和问题，并提供准确的建议和答案。用户还可以与智能服务的开发团队进行合作，共同参与新功能和服务的开发。这种合作可以促进智能服务的发展和创新，提高用户的满意度和忠诚度。同样，用户可以对智能服务进行监督和评估，以确保其质量和可靠性。用户可以通过反馈、评价和投诉机制，向开发团队和管理部门提供意见和建议，以改进智能服务的性能和质量。因此，用户在智能服务中发挥着多方面的重要作用，如提供数据、参与创新、解决问题、监督评估等，为智能服务的成功提供关键支持。

　　在图书馆的智能服务中，用户的角色可以分为很多类型，具体有以下几种。①搜索和查询。用户通过图书馆的智能系统进行搜索和查询，以获取所需的信息资源。在这个过程中，用户需要输入关键词或问题，然后系统会依据用户的输入提供相应的搜索结果或回答。②评价和反馈。用户可以评价图书馆的智能服务系统，包括搜索结果的准确性和相关性，以及系统的响应速度和易用性等。这些反馈可以帮助图书馆改进其智能服务系统，以更好地满足用户的需求。③合作和交流。图书馆的智能服务系统可以为用户提供一个平台，以便用户进行合作和交流。例如，用户可以通过系统与其他用户进行交流，分享自己的学习经验和见解。此外，用户可以通过系统与图书馆员工进行联系，从而获取更多的帮助和支持。④学习和教育。图书馆的智能服务系统可以为用户提供各种学习资源和教育服务。例如，系统可以提供在线课程、讲座、电子图书和其他学习资料，以帮助用户学习和提高自己的知识水平。⑤创造和创新。图书馆的智能服务系统可以激发用户的创造力和创新能力。例如，用户可以通过系统进行信息整合、知识管理和创新思考等活动，以产生新的想法和解决方案。在图书馆的智能服务中，用户的角色是多样化的，其不仅是系统的使用者，还是系统的评价者、交流者、学习者、创造者和创新者。图书馆应根据用户需求和角色，为用户提供更加智能化、个性化、专业化和人性化的服务。

二、提升用户参与度的策略

　　图书馆提升用户参与度能够带来诸多益处，有助于提高图书馆的服务质量和用户满意度，推动社区的和谐发展和知识传播。通过提升用户参与度，图书馆能够更好地了解用户的需求和兴趣，从而提供更加精准和个性化的服务。这种个性化的服务能够使用户更加满意，提高用户对图书馆的信任度和忠诚度。通过提升用户参与度，图书馆能够吸引更多的用户，并使用户更加频繁地使用图书馆资源来获取知识与信息。这种黏性不仅能够提高图书馆的知名度，还能够使用户更加深入地了解和利用图书馆的资源和服务。通过提升用户参与度，图书馆能够更好地发挥其作为知识传播中心的作用。用户在参与图书馆活动的过程中，能够获取更多的知识和信息，从而提高自身的文化素养和知识水平。通过提升用户参与度，图书馆能够更好地融入社区，与社区居民建立良好的互动关系。这种互动关系有助于增强社区凝聚力，促进社区的和谐发展。通过提升用户参与度，图书馆能够吸引更多的商业合作伙伴，从而创造更多的商业机会。这些商业机会不仅能够提高图书馆的经济效益，还能够丰富图书馆的服务内容和资源。

图书馆制定提升用户参与度的策略，可以从多方面进行思考和应用。首先，要了解目标用户。图书馆需要了解其目标用户的需求、兴趣和行为模式。通过市场调研、用户调查等方式，广泛收集有关用户的信息，以便更好地定位服务对象。其次要优化图书馆空间。图书馆的空间布局和环境对用户参与度有很大影响。通过优化空间设计，如提供舒适的阅读环境、打造互动区域等，增加用户的参与意愿。再次，要丰富活动内容。图书馆需要引入新技术和互动性强的活动，如创客空间、讲座、研讨会等，鼓励用户参与其中，提高用户的积极性和参与度。此外，根据用户的需求和兴趣提供个性化服务，如定制推荐、专题服务等，使用户感受到图书馆对其个人需求的关注，从而提高满意度。最后，要加强与社区的互动与合作。图书馆需要组织社区活动，让用户感到图书馆与自己的生活息息相关，从而提高用户的归属感。同时可以利用现代科技手段，如开发移动应用、提供电子资源等，方便用户随时随地获取信息，提高用户参与度。

除上述措施外，图书馆还需要定期评估策略的实施效果，根据评估结果进行必要的调整，以满足用户不断变化的需求。通过宣传推广活动，让更多的人了解图书馆的资源和活动，吸引更多用户参与。通过为用户提供反馈渠道，收集用户的意见和建议，及时了解用户的需求和反馈，不断改进服务。

另外，图书馆可以组建一支具备专业知识和技能的团队，负责制定和实施提升用户参与度的策略，确保策略的有效性和实施效果。在提升用户参与度方面，图书馆需要从多个角度入手，包括了解目标用户、优化空间设计、增加互动性、提供个性化服务、加强社区参与、运用科技手段、定期评估与调整、加强宣传与推广、建立反馈机制及建立专业团队等。通过不断改进和完善服务，显著提高用户的满意度和参与度。

第三节　社交媒体与用户共享

图书馆使用社交媒体平台与用户共享信息，可以加强与用户的联系，提高图书馆的知名度，扩大影响力。例如图书馆可以在社交媒体上发布有关图书馆的新闻、活动、新资源、服务更新等信息，让用户第一时间了解图书馆的动态。通过社交媒体平台向用户推荐新书、热门图书、电子资源、数据库等，协助用户更好地了解和使用图书馆的资源。图书馆可以通过社交媒体平台组织线上活动，如线上讲座、读书会、讨论会等，吸引更多的用户参与，增强用户对图书馆的认知和信任。通过社交媒体平台收集用户对图书馆的意见和建议，及时了解用户的需求和反馈，改进服务质量。另外，还可以通过社交媒体平台宣传图书馆的文化和服务，如图书馆的历史、建筑风格、服务理念等，增强用户对图书馆的认同感和归属感。使用社交媒体平台与用户共享信息，图书馆可以更有效地了解用户需求，提升服务质量，增强与用户的联系和互动，从而推动图书馆事业的发展。

一、图书馆的社交媒体运用

图书馆运用社交媒体，可以提升服务质量。通过社交媒体，图书馆可以更直接地了解读者的需求和反馈，从而改进服务，优化用户体验。同时，社交媒体的普及性和传播性，也使得图书馆的活动、资源、服务被更多的人了解，从而进一步扩大影响力。社交媒体为图书馆和读者提供了一个即时的、双向的交流平台，增强了图书馆与读者之间的互动性。随着数字媒体的飞速发展，图书馆的角色和功能也在发生深刻的变化。在这个信息化、网络化的时代，图书馆开始将社交媒体作为连接读者、推广服务、增强互动的重要工具。社交媒体为图书馆提供了一个前所未有的平台，使得图书馆更方便地与读者进行互动、推广服务及共享资源。图书馆可以通过创建官方账号，在社交媒体上发布图书推荐、活动通知、学术研讨等信息，也能通过回复评论、私信等方式，与读者进行一对一的交流。

美国国会图书馆是运用社交媒体进行推广的典范。通过使用 Facebook、Twitter、YouTube、Flickr 等社交媒体平台，广泛向公众提供各种服务和信息。例如，使用 Facebook 来发布图书馆的新闻和活动信息，使用 Twitter 来发布最新的图书推荐和阅读建议，使用 YouTube 来发布图书馆的讲座和活动视频，使用 Flickr 来发布图书馆的图像资料。此外，通过社交媒体平台与读者进行互动，收集读者的反馈和意见，以便更好地满足读者的需求。英国国家图书馆是另一家利用社交媒体进行推广的图书馆。通过使用 Twitter、Facebook、Instagram 等社交媒体平台，向公众提供各种服务和信息。例如，他们使用 Twitter 来发布图书馆的新闻和活动信息，使用 Facebook 来发布图书馆的最新图书推荐和阅读建议，使用 Instagram 来发布图书馆的图像资料。此外，通过社交媒体平台与读者进行互动，广泛收集读者的反馈和意见，以便更好地满足读者的需求。

中国国家图书馆也积极利用社交媒体进行推广，通过微博、微信等社交媒体平台，向公众提供各种服务和信息。例如，可以使用微博来发布图书馆的新闻和活动信息，使用微信来发布图书馆的最新图书推荐和阅读建议。此外，通过社交媒体平台与读者进行互动，收集读者的反馈和意见，以便更好地满足读者的需求。

以上这些案例都表明了社交媒体在图书馆推广中的重要作用，通过社交媒体平台，图书馆可以更加便捷地与读者进行互动，收集读者的反馈和意见，以便更好地满足读者的需求。同时，社交媒体平台可以帮助图书馆提高知名度，吸引更多的读者前来使用。

图书馆运用社交媒体，同样也存在较多的挑战，比如信息筛选、隐私保护、持续投入等。要想在海量的信息中筛选出有价值、适合读者的内容，图书馆需要具备强大的信息筛选和处理能力。这就要求图书馆员工需要具备敏锐的洞察力和广泛的知识储备，以便精准的在海量的信息中筛选出有价值、适合读者的内容；需要不断地学习新的知识和技能，以保持与不断变化的出版物和信息资源的同步；需要了解读者的兴趣爱好、阅读水平和阅读需求，从而为用户提供个性化的阅读推荐；需要对各种文献资料进行评估和筛选，以确保读者能够获得高质量的阅读材料。此外，图书馆员工还需要具备强大的信息处理能力，以便对收集到的信息进行分类、整理和归纳。为此，需要利用现代信息技术和工具，对文献资料进行数字化处理和存储，以便读者更加方便地获取和利用这些资源。

隐私保护也是重要一环。在和读者进行一对一的交流时，需要严格确保读者的隐私得到保护，这也是图书馆在运用社交媒体时需要特别注意的地方。除了保护读者的隐私，图书馆在使用社交媒体时还需要注意其他方面的隐私保护。例如，图书馆应该严禁在社交媒体上公开读者的个人信息，包括姓名、地址、电话号码等，也不应该公开读者的借阅记录、阅读习惯等个人隐私信息。图书馆需要制定严格的规定和政策，规范员工和读者在使用社交媒体时的行为，并明确规定员工和读者在社交媒体上可以发布什么信息，不可以发布什么信息，以及如何保护个人隐私信息。此外，图书馆还应该加强对员工和读者的教育和培训，提高用户对隐私保护的意识和技能。员工和读者都应该了解隐私保护的重要性，知道如何保护个人隐私信息，以及如何应对隐私泄露事件。

运营社交媒体需要投入大量的人力与物力，包括内容制作、活动策划、读者服务等，因此需要图书馆有持续的投入和长期的规划。在制定社交媒体战略时，图书馆需要认真分析目标读者群体，了解用户的需求和兴趣，并根据这些信息设计相应的社交媒体内容。同时，图书馆需要建立专业的团队来管理社交媒体，包括内容制作、发布、互动和读者服务等。这个团队需要具备专业的知识和技能，以便在社交媒体上提供高质量的内容和服务。为了确保社交媒体的效果，图书馆还需要制定全面的长期规划，包括资金投入、人员培训、内容制作和发布计划等。此外，图书馆需要不断地学习和适应社交媒体的发展趋势，以便在竞争中保持领先地位。通过持续的投入和长期的规划，图书馆可以有效利用社交媒体平台，提高读者参与度，扩大影响力，为读者提供更好的服务。

社交媒体为图书馆提供了一个全新的服务平台，能使图书馆更好地服务于读者。但同时也面临一些挑战，需要有一定的准备和应对策略。未来，随着社交媒体的发展和变化，图书馆也需要不断调整和优化自己的运用策略，以适应新时代的发展。

二、用户分享与反馈

用户分享和反馈是图书馆提升服务质量、优化资源配置、改进宣传策略、促进社区参与、辅助决策支持和完善知识管理体系的重要途径。图书馆可以通过收集用户反馈，了解读者对服务的评价和建议，从而针对性地提高改进服务策略，服务质量和读者的满意度。通过数据分析，图书馆可以了解读者的需求和使用情况，例如阅读偏好、使用习惯、借阅量等，从而更好地调配资源，提高资源利用率。通过用户分享和反馈，图书馆可以了解读者对各类活动的态度和反应，从而针对性地改进宣传和推广策略，吸引更多的读者参与。另外，还可以建立专门的反馈渠道，如意见箱、在线反馈平台等，鼓励读者参与讨论，提出自己的意见和建议，从而促进社区的参与和互动。通过对大量用户分享和反馈的数据分析，可以获得有关读者需求、喜好和行为等方面的深入洞察，从而为制定决策提供有力的数据支撑。收集、整理和分析用户分享和反馈的信息后，图书馆可以建立更加完善的知识管理体系，以便更好地满足用户的需求。

在当今的数字化时代中，图书馆的角色和功能正在发生深刻的变化。传统的借阅和阅读服务已经无法满足用户的需求，现在的图书馆需要提供更为丰富、多样化的服务。其中，用户分享和反馈是提升服务质量的关键环节。从用户分享的角度来说，包括分享阅读体验和分享资源这两个组成部分，其中分享阅读体验是指用户读完一本书或一篇文章后，分享他们的阅读体验，包括对内容的评价、对作者的看法及对书籍的推荐等。这种分享可以鼓励其他用户去阅读这本书，同时也能帮助图书馆员工更好地了解用户的阅读需求和喜好。分享资源是指用户分享自己的资源，比如藏书、创作的作品等。这种分享不仅能够增加图书馆的资源储备，还能够提升用户的参与感和归属感。

从用户反馈的角度分析，包括反馈阅读需求和反馈使用体验这两个组成部分，反馈阅读需求是指用户可以通过反馈系统，向图书馆表达自己的阅读需求，这可以帮助图书馆员工更好地了解用户的需求，从而提供更符合用户需求的阅读资源。而反馈使用体验是指用户通过反馈系统，向图书馆表达自身对图书馆服务的使用体验，包括对图书馆环境、借阅流程、阅读设备的评价。这类反馈可以帮助图书馆员工发现服务中的问题，并加以改进。

图书馆在分析用户分享与反馈时，需要建立分享平台，如一个网站或者一个社交媒体群，让用户可以在上面分享他们的阅读体验、资源和需求。建立分享平台之后，图书馆需要采取一系列措施来鼓励用户参与分享和反馈。首先，图书馆可以通过宣传和教育，提高用户对分享和反馈的认识和重视。

例如，在图书馆的网站或社交媒体上发布宣传文章、教程和指南，向用户介绍分享和反馈的重要性以及如何参与。其次，图书馆可以为用户提供一些激励措施，以鼓励用户参与分享和反馈。例如，图书馆可以设立积分系统，根据用户分享和反馈的质量和数量来给予相应的积分奖励。积分可以用于兑换图书馆的资源、服务或礼品等。另外，图书馆可以通过定期举办一些活动，吸引更多的用户参与分享和反馈。例如，图书馆可以举办读书分享会、阅读推荐会、读者交流会等活动，让用户有机会相互交流、分享阅读体验和资源。最后，图书馆需要对用户的分享和反馈进行认真分析和处理。用户提供的反馈可以帮助图书馆了解用户的需求和偏好，从而更好地改进服务和丰富资源。同时，图书馆可以通过分析用户的分享内容，深入挖掘用户的阅读兴趣和需求，为未来的服务和资源规划提供参考，从而更好地改进服务和丰富资源。

图书馆还需要构建一个反馈系统，比如一个在线调查问卷或者一个客服热线，用户可以通过它向图书馆提供反馈。通过在线调查问卷或客服热线，用户可以更加便捷地表达对图书馆的意见和建议。这样，图书馆可以及时了解用户的需求和问题，并采取相应的改进措施。在线调查问卷是一种非常有效的反馈方式，图书馆可以通过设置问卷，收集用户对图书馆资源、服务、环境等方面的意见。问卷可以设计一些基本问题，如用户使用图书馆的频率、对图书馆的满意度等，也可以设计一些开放性问题，让用户自由表达自己的想法。通过分析问卷数据，图书馆可以了解用户的需求和期望，并有针对性地进行改进。客服热线也是一种实用的反馈方式，图书馆可以设立一个专门的客服热线，用户能够在需要时快速获得帮助。客服人员可以解答用户在使用图书馆过程中遇到的问题，也可以收集用户的反馈意见。通过这种方式，图书馆可以更加及时地了解用户的需求和问题，并采取相应的措施。在构建反馈系统的过程中，图书馆需要注意一些事项。首先，要确保反馈系统的便捷性和易用性，用户能够轻松地表达自己的意见和建议。其次，要对反馈数据进行深入分析，找出问题的根源，并采取有效的措施进行改进。最后，要保持对反馈系统的维护和更新，确保其满足用户的需求和期望。只有这样，图书馆才能更好地服务于用户和社会。

图书馆可以通过一些激励措施，鼓励用户参与分享和反馈，比如提供优惠券、增加借阅次数等。还可以定期举办读者交流活动，让用户有机会分享阅读体验和感受，提出对图书馆服务和资源的建议和意见。此外，图书馆可以通过社交媒体等渠道积极与用户互动，及时回应读者的需求和反馈，以增强用户的满意度和忠诚度。为了更好地激励用户参与分享和反馈，图书馆可以考虑制定更加个性化的激励措施。例如，根据用户的借阅历史和阅读偏好，提供个性化的推荐和服务，以调动用户参与分享和反馈的积极性。此外，图书馆可以通过开展合作活动、提供特殊优惠等方式，吸引更多的用户参与分享和反馈。这也有助于培养用户的阅读习惯和兴趣爱好，促进知识的传播和文化的传承。

用户分享和反馈是持续优化图书馆服务质量的重要环节，通过鼓励用户分享他们的阅读体验、资源和需求，以及通过建立反馈系统来接收用户的反馈，图书馆可以更好地了解用户的需求和喜好，从而提供更满足用户需求的服务。同时，这也可以提高用户的参与感和归属感，进一步提升图书馆的服务质量。

第七章　文化多样性与智能服务的融合

世界上每个民族、每个国家都有自己独特的文化，民族文化是民族身份的重要标志，文化多样性是人类文明演进的自然结果和全人类的共同财富，主要表现在不同民族和国家文化的内容和形式各具特色，具体表现在语言文字、宗教信仰、思想理论、文学艺术、民居建筑、风俗习惯等多个方面。文化多样性不仅彰显在民族节日和文化遗产中，更是一个民族历史文化的长期积淀，可以通过庆祝民族节日，领略不同民族文化的韵味。同时，促进世界文化多样性的发展，不仅是人类文化良性成长的自身要求，也是将当今世界为建设和谐世界的文化基石。对每个国家和民族来说，保持和尊重文化多样性都是至关重要的。

随着全球化的不断深入，智能服务和文化多样性在各个领域中越来越受到重视，且二者之间存在紧密的联系。智能服务是科技发展的产物，文化多样性则是人类社会多元化的体现。在当今的社会中，这两者相互融合，相互促进，为人类社会带来了前所未有的发展机遇。首先，智能服务的发展为文化多样性的传承和推广，提供了强有力的支持。智能服务运用大数据、人工智能等技术，对海量的信息进行高效、精准的处理和挖掘。这能使图书馆更好地收集、整理和传播各种文化信息，包括音乐、电影、艺术、历史等。通过智能服务，将不同文化的精髓和特点呈现给全世界的人们，从而促进文化多样性的传承和推广。其次，文化多样性为智能服务的创新和发展提供了源源不断的动力。由于不同文化背景的人们对于服务的需求和期望所不同，智能服务需要不断地适应和满足这些不同的需求。在这个过程中，智能服务得以不断创新和发展。同时，来自不同文化的知识和智慧能够为智能服务的优化和升级提供宝贵的启示和支持。最后，智能服务和文化多样性在许多方面是相辅相成的。一方面，智能服务能够提升文化传承的效率和质量，让更多人接触不同的文化；另一方面，文化多样性为智能服务的创新提供了丰富的灵感和动力。

第一节　跨文化图书馆服务的挑战

随着全球化的日益深入，跨文化交流变得越来越重要。图书馆作为文化传播的重要载体，提供跨文化服务势在必行。然而，这其中也面临着诸多挑战。

首先是多元文化的理解和接纳的问题。跨文化服务意味着需要理解和接纳不同的文化。每个文化都有其独特的价值观、信仰、历史和传统，这给图书馆员工提供服务时带来了一定的难度。为了更好地服务于不同文化的读者，图书馆员工需要具备跨文化沟通的能力，并积极了解和接受不同的文化。

图书馆在面对多元文化的理解和接纳问题时，可以采取以下策略。①增强图书馆员工的跨文化意识，图书馆员工需要具备跨文化的知识和理解，以便在服务中能够更好地应对不同文化背景的读者。这可以通过培训、研讨会、学术交流等方式实现。②收集和展示多元文化资源，积极收集和展示反映不同文化的图书、期刊、电子资源等，为读者提供多样化的选择。③举办多元文化的展览、讲座等活动，以加深读者对不同文化的了解和认识。④为用户提供多语种服务，包括图书借阅、信息咨询、读者活动等，以满足不同语言背景读者的需求。⑤通过阅读推广活动，引导读者阅读反映不同文化的图书、期刊等，提高读者的多元文化意识和素养。⑥与社区合作，开展多元文化的活动和服务，如文化交流、语言学习、艺术展览等，以促进不同文化之间的交流和理解。⑦建立反馈机制，收集读者的意见和建议，以便及时了解和解决多元文化服务中存在的问题和挑战。

其次是资源和服务需求的多样性问题。不同文化的读者对于图书馆的需求也各有差异。例如，某些文化可能更注重传统的手写文献，其他文化可能更倾向于电子资源。此外，某些文化可能需要特定的文献或信息，而其他文化可能不需要。这就要求图书馆在提供跨文化服务时考虑这种多样性，并尽量满足每个读者的需求。面对资源和服务需求的多样性问题，图书馆需要采取一系列措施进行解决，如提供传统的纸质书籍、电子书籍、学术数据库、期刊杂志等各种形式的资源，以满足读者多样化的需求。通过购买与代借等方式，图书馆可以给读者提供更多内容和更大选择空间。随着数字化时代的到来，图书馆应引入创新技术来提升读者服务水平。例如，建立一个易于使用的图书馆管理系统，以便读者查找和借阅资源。此外，可以引入自助借还设备、在线续借和预约服务等，提高图书馆的便利性和效率。考虑到每个读者都有不同的需求和兴趣，图书馆可以通过提供定制化服务来满足这些需求。例如，设立读者咨询台，提供个别咨询和指导；举办主题讲座、读书会等活动，以符合不同读者的兴趣和研究需求。定期组织用户教育与培训活动，帮助读者更好地利用图书馆资源和服务。同时，通过教育和培训，图书馆可以提高读者的信息素养和技能水平，使其更好地利用图书馆的资源和服务。除此之外，图书馆应该建立有效的反馈机制，收集读者的意见和建议，了解读者的需求和偏好。通过反馈机制，图书馆可以及时调整和改进资源和服务，以满足读者的需求。各个图书馆之间也应该加强合作与交流，共享资源和服务，提高整体服务水平。通过合作与交流，图书馆可以了解其他图书馆的先进做法和经验，从而不断优化自身的服务。

信息素养的差异是图书馆需要面临的主要问题之一。因为不同文化的读者可能具有不同的信息素养，一些读者可能更熟悉数字技术，其他文化的读者可能更依赖于传统的信息获取方式。因此，图书馆在提供服务时，需要考虑这种差异，并尽可能提供适合每个文化的信息服务。为此，图书馆可以定期开展信息素养培训，针对不同层次、不同需求的读者，提供相应的培训内容，帮助读者提高信息获取、鉴别、整合的能力。针对不同学科、不同领域的读者，图书馆可以建立学科导航库，提供学科领域的核心期刊、重要数据库等资源，帮助读者快速定位所需信息。图书馆可以通过对读者信息需求的了解，提供个性化的信息服务，例如定期推送相关领域的最新研究成果、专题综述等，帮助读者更好地获取和理解信息。图书馆可以通过与读者的沟通，了解读者的信息需求和困惑，及时调整服务内容和方式，切实提高读者的信息素养水平。建立信息素养教育团队也是一项重要举措，该团队可以由专业的图书馆员工组成，负责制定信息素养教育计划、实施培训、解答读者问题等，提高图书馆整体的信息素养教育水平。

语言是跨文化交流中最大的障碍之一。如果图书馆员工和读者不能有效地沟通，那么其提供服务会变得非常困难。因此，图书馆需要提供多语言服务，以克服语言障碍。这可能包括提供多语言图书、期刊和其他资源以及多语言咨询服务等。图书馆在处理跨文化交流中的语言差异问题时，可以提供多种语言的服务，包括图书、期刊、数据库等资源的采购、编目、借阅等，以满足不同文化背景读者的需求。也可以组织跨文化交流活动，如文化展览、讲座、研讨会等，让不同文化背景的读者，有机会相互了解和交流，促进跨文化理解。图书馆可以提供语言翻译服务，帮助读者克服语言障碍，更好地理解和使用图书馆资源。除了上述措施，图书馆还可以培训员工的跨文化交流能力，提高人员的文化意识和跨文化交际能力，以便更好地为不同文化背景的读者服务。建立跨文化交流平台，如数字图书馆、在线社区等，可以让不同文化背景的读者在平台上交流和分享自己的文化和经验，科学有效地处理跨文化交流中的语言差异问题，以促进不同文化之间的交流和理解。

跨文化图书馆服务面临多元文化的理解、资源和服务需求的多样性、信息素养的差异及语言障碍等多重挑战。为了应对这些挑战，图书馆需要提高自身的跨文化沟通能力，提供适合不同文化的资源和服务。只有这样，图书馆才能真正成为文化交流和传播的中心。

一、文化差异对服务的影响

图书馆作为公共文化机构，在提供服务时，文化差异性是一个不可忽视的因素。文化差异对图书馆服务的影响可以体现在方方面面。例如，在读者需求与偏好方面，不同文化背景的读者对图书馆的需求和偏好各不相同。某些文化背景下的读者可能更倾向于阅读小说和文学作品，而其他文化背景的读者可能更喜欢阅读科学、历史或哲学类图书。了解并充分满足不同文化背景读者的需求和偏好，有助于提高图书馆服务的针对性和有效性。在信息素养与技能方面，不同文化背景的读者在信息素养和技能方面可能存在差异。某些文化背景的读者可能更熟悉如何使用图书馆资源和服务，其他文化背景的读者可能比较缺乏这方面的知识和技能。图书馆应提供相应的培训和指导，以帮助读者更好地利用图书馆资源。在沟通与交流方面，不同文化背景的读者在沟通与交流方面可能存在差异。某些文化背景的读者可能更倾向于直接表达自己的需求和意见，其他文化背景的读者可能更注重礼貌和含蓄的表达方式。图书馆员工需要具备跨文化沟通技巧，以适应不同文化背景读者的需求，确保有效沟通。在资源与服务方面，不同文化背景的读者对图书馆的资源和服务有不同的需求和期望。某些文化背景的读者可能更注重图书馆的环境和氛围，其他文化背景的读者可能更关注图书馆的开放时间和借阅政策。图书馆应针对不同文化背景的读者提供多样化的资源和服务，以满足用户的多元化需求。在参与和合作方面，不同文化背景的读者在参与图书馆活动和合作方面可能存在差异。某些文化背景的读者可能更积极参与图书馆的活动，如阅读俱乐部、讲座等，而其他文化背景的读者可能对此缺乏兴趣或信心。图书馆应鼓励不同文化背景的读者参与和合作，以促进文化交流与融合。

为了更好地应对文化差异对图书馆服务的影响，图书馆可以采取以下措施。一是了解读者需求。通过调查、交流等方式全面了解不同文化背景读者的需求和偏好，以提供更符合用户需求的资源和服务。图书馆了解读者需求的方法有很多，常见的包括问卷调查、焦点小组讨论等，主动收集读者的信息需求和学习需求。图书馆可以利用大数据技术对读者的阅读喜好进行分析，进一步了解读者阅读需求。图书馆可以借助计算机信息技术，对图书馆的资源进行转化、提炼、浓缩，构建更加精华的数字资源库，为读者提供充足的数字化资源。图书馆也可以运用信息化手段，建立网上图书馆，让读者通过手机等自由选择阅读时间、地点。根据读者的反馈和评价，不断改进服务，提供更好的学习环境和资源。

二是提高信息素养。为不同文化背景的读者提供信息素养培训和指导，帮助用户更好地利用图书馆资源。提升信息素养的手段有很多，图书馆需要根据自身实际情况，选择适合自己的方式和方法。例如提供舒适的阅读环境，这是图书馆开展相关活动的基础条件。图书馆应保持室内干净整洁，妥善管理馆藏书籍，确保读者轻松找到所需的图书。同时，提供安静的阅读区域，为读者打造一个安静的、能够集中注意力的空间。此外，适当的温度、光线和座椅布局也需要考虑，以增强读者的阅读体验。图书馆不仅应提供传统的纸质图书，还应增加电子图书、期刊、报纸、音视频资料等多种资源的采购，合作开展数字化资源的共享，与其他图书馆共建数据库，为读者提供更加丰富和多样化的信息资源。图书馆可以邀请图书馆学界专家，设计大赛流程、建设题库、开展市民培训、担任点评专家等活动，或者是举全国同行之力开展研究，建设面向不同年龄与职业群体的数字素养与技能提升的精品教学资源，开展形式多样的教育或培训活动等，以强化图书馆的宣传效应。另外，针对老年人、残疾人、农民等群体的数字社会融入和数字鸿沟问题，需要联合相关机构提升其数字素养与技能。比如，与各地教育管理部门深化中小学生数字素养与技能培训；参与全国农民科学素质网络知识竞赛的题库建设，开展农村数字素养与技能知识宣讲和数字人才下乡活动等。图书馆提升信息素养的方法多种多样，应结合实际情况选择最适合的方法来提高读者的信息素养。

三是促进文化交流与融合。鼓励不同文化背景的读者参与图书馆活动和合作，此外促进文化交流与融合。图书馆可以通过文化展览、艺术表演、讲座等形式，将图书馆打造成一个知识与艺术的交流平台，吸引更多的读者。通过展示不同地区的文化、艺术成果，增进不同地域之间的文化交流与融合。图书馆可以引入新颖的科技设备，如虚拟现实技术、增强现实技术等，让读者以更丰富多样的方式与图书馆互动。通过科技手段的运用，可以增强读者的参与感和体验感，进一步推动文化交流与融合。对于公共图书馆，可以与其他文化机构、旅游景点等进行合作，互相促进发展，与文化机构合作可以举办文化活动、展览和演出，与旅游景点合作可以提供导览服务、文化解说和多语种服务等。通过拓展合作伙伴，公共图书馆可以将资源整合起来，提供更全面的服务内容，进一步促进文化交流与融合。为图书馆等公共文化机构开展交往交流交融工作合理安排专项经费，充分考虑不同民族、不同地区实际，统筹城乡建设布局规划，进一步构建公共文化设施服务网络，有效促进资源的协调配置与整合共享。这可以支持图书馆开展更多的文化交流活动，提升文化交流的效果。公共图书馆应该根据自身特点和功能，为读者提供更多精品服务。比如可以推出特色图书展、举办讲座和研讨会等，吸引更多的读者来到图书馆，感受不同文化的魅力。信息化时代，图书馆应该加强数字资源建设，建立数字化平台，提供多样化的数字资源服务。这样不仅可以满足读者的阅读需求，还可以通过数字资源传播文化信息，促进文化交流与融合。

　　四是组建多元化团队。图书馆可以组建一支具备多元文化背景的图书馆团队，以便更好地理解和满足不同文化背景读者的需求。图书馆建立多元化团队，需要从多个方面入手。首先，要确定团队目标和使命，在建立多元化团队之前，图书馆需要明确团队的目标和使命，以确保团队成员能够朝着同一个方向努力。其次，要明确并制定招募计划，根据团队目标和使命，制定招募计划，明确需要招募的团队成员的背景、技能和经验，并考虑如何吸引不同背景和技能的人才。在招募过程中，图书馆需要积极寻找和吸引来自不同背景和领域的人才，以增加团队的多元化。为了帮助团队成员更好地适应图书馆的工作环境和团队文化，图书馆需要制定培训和发展计划，提供必要的培训和支持，以促进团队成员的个人发展和职业成长。在多元化团队中，良好的沟通机制至关重要。再次，要创设开放、透明和互动的工作环境，鼓励团队成员之间的沟通和协作。为了激发团队成员的积极性和创造力，图书馆需要制定激励机制，如奖励制度、晋升机制等，以鼓励团队成员为团队的使命和目标作出贡献。另外，在多元化团队中，团队合作意识至关重要。图书馆需要通过各种方式培养团队成员之间的信任和合作精神，以实现团队的协同效应。最后，为了确保多元化团队的顺利运作，图书馆需要定期评估团队的绩效和进展情况，并根据需要进行调整和改进。

　　文化差异对图书馆服务的影响不容小觑。图书馆应采取积极措施应对这一挑战，以提供更加包容、多样化和有效的服务。在全球化日益深入的今天，来自不同国家和地区的读者可能会对图书馆的资源和服务提出不同的需求和期望。这种文化差异可能涉及语言、价值观、习俗、信仰等多个方面，如果不加以重视和解决，可能对图书馆服务的包容性、多样化和有效性产生负面影响。为了提供更加优质的服务，图书馆应该采取积极的措施来应对文化差异带来的挑战。首先，图书馆应该加强对不同文化背景读者的了解，包括读者的阅读习惯、需求和偏好等。这可以通过开展市场调研、读者调查和数据分析等方式来实现。其次，图书馆应该提高工作人员的跨文化交流能力，使读者能够更好地与不同文化背景的读者进行沟通和交流。这包括对不同文化的了解、尊重和包容，以及掌握一些基本的跨文化交流技巧。最后，图书馆应该根据不同文化背景读者的需求和期望，提供更加多样化的服务和资源。具体而言，这包括提供多语种的服务、引入多元化的图书资源、举办跨文化的活动和展览等。通过这些措施，图书馆可以更好地满足不同读者的需求，提高读者的满意度和忠诚度。

二、解决跨文化问题的策略

新时期图书馆在解决跨文化问题上，首先要建立跨文化交流平台。为此，图书馆可以打造专属的空间，为不同文化背景的人们提供交流的平台。在这里，用户可以分享各自的文化、知识、经验和观点，增进相互了解学会互相尊重。图书馆需要积极收集和整理来自不同文化背景的资料和信息，包括书籍、期刊、报纸、音像制品等，为读者提供多元文化的视角，也可以定期举办跨文化沟通与交流的培训，帮助读者了解不同文化间的差异，增强跨文化交流的意识和能力。

在促进国际合作方面，图书馆可以通过与国外图书馆、文化机构的合作，开展一系列国际交流项目，引入更多的外国文化和知识，开阔本国读者的视野。在提升工作人员的跨文化素质方面，图书馆需要重视对工作人员的培训，提高人员自身的跨文化素质，使其更好地为不同文化背景的读者提供服务。图书馆的空间布局和环境应充分考虑不同文化背景读者的需求和习惯，营造一个舒适、包容、多元的文化氛围。最重要的是，图书馆应提供多语言的服务，包括图书借阅、信息咨询、参考研究等，以满足不同语言背景读者的需求。可以建立一个有效的反馈机制，收集读者的反馈和建议，以便及时改进服务中存在的问题，提高服务质量。通过以上策略，新时期图书馆可以更好地解决跨文化问题，为来自不同文化背景的读者提供优质的服务。

　　在新时期，图书馆在解决跨文化问题方面扮演着重要的角色。例如，某城市有一个以英语为主要语言的公共图书馆，该地区的居民拥有不同的文化背景。为了满足这些读者的需求，图书馆决定采取措施解决跨文化问题，并促进不同文化之间的交流和理解。在具体实施过程中，该图书馆强化了多语种服务，包括提供不同语言的书籍、杂志和报纸。此外，图书馆聘请了多语种图书馆员工，以便为不同文化背景的读者提供更好的服务。图书馆定期举办各种文化交流活动，如作家讲座、诗歌朗诵、电影之夜等。这些活动旨在展示不同文化的魅力，为读者提供一个互相了解的平台。另外，在图书馆的阅览区，设立了一个多元文化阅览区，专门展示各种不同文化的书籍、杂志和报纸。这个区域为读者提供了一个一站式的文化交流平台，方便读者获取各种文化信息。图书馆定期为读者提供了跨文化培训，帮助读者详细了解不同文化的背景、价值观和习俗。这些培训课程有助于减少文化误解和冲突，有效促进不同文化之间的融合。图书馆还积极与社区合作，参与各种社区活动，如多元文化节、艺术展览等。通过与社区合作，图书馆能够更好地了解读者的需求，并提供更符合读者期望的服务。

　　通过上述措施，图书馆成功地解决了跨文化问题，并促进了不同文化之间的交流和理解。读者对图书馆的评价普遍较高，认为这是一个包容、多元、开放的文化交流平台。同时，图书馆的到访率有了显著提升。这个案例也表明图书馆在解决跨文化问题方面具有巨大的优势。通过增加多语种服务、举办文化交流活动、设立多元文化阅览区、提供跨文化培训及与社区合作，图书馆能够促进不同文化之间的交流和理解，成功打造一个包容、多元、开放的文化环境。这对于满足新时代读者的需求、推动社会和谐发展具有重要意义。

第二节　多语言服务的实现

多语言服务指通过专业的语言人员对不同语言之间的信息进行转换与传递，以满足不同语言之间的沟通和交流需求。这种服务主要利用人工智能和语言翻译技术，能够提供以多种语言为媒介的客户服务和支持的系统。多语言服务的特点主要表现在以下几个方面。①多语言服务能够克服不同语言之间的障碍，帮助企业与全球客户进行无障碍的沟通。无论是书面还是口头的沟通，都可以通过多语言服务来实现顺畅的交流。②随着全球化的深入，相关机构在全球范围内开展业务时，多语言服务可以帮助其更好地适应当地市场，并与当地客户建立良好的关系，提高客户的满意度和忠诚度。③多语言服务能够快速响应客户的需求和问题，无论是咨询、投诉还是其他问题，都可以得到及时解决。这有助于提高客户的满意度和信任度，减少客户流失。④多语言服务可以根据客户的需求和偏好，为其提供个性化服务，例如根据客户的语言偏好、文化背景等提供相应的服务和支持。这有助于提高客户的满意度和忠诚度，增加客户黏性。⑤多语言服务具有高效便捷的特点，客户可以随时随地通过系统获得服务和支持，不受时间和地点的限制。这有助于提高客户的工作效率和便利性，提高客户的满意度和信任度。

多语言服务在图书馆中的重要性日益凸显，读者需求的多元化要求图书馆能够提供多样化、多层次的语言服务。在多语言服务的实践中，图书馆需要积极探索和创新服务模式，不断提高语言服务的质量和水平。首先，图书馆可以深化与语言服务机构的合作，借助专业的翻译和本地化服务，为读者提供更加准确、地道的语言服务。其次，图书馆可以借助现代信息技术手段，如人工智能、机器翻译等，提高语言服务的效率和质量。最后，图书馆可以加强与多元文化机构的合作，开展多元化的文化交流活动，促进不同语言读者之间的交流与互动。图书馆作为文化交流和知识传播的重要场所，需要满足不同语言读者的需求，提供多样化、多层次的语言服务。只有这样，才能够更好地发挥图书馆的社会功能，为读者提供更加全面、精准的知识服务。

图书馆多语言服务具有深远意义，不管是在满足多元需求、促进文化交流方面还是提升国际化水平等方面，都有积极的影响。首先，多语言服务能够满足不同语言背景读者的需求，提高图书馆的吸引力和使用率，这一点已经得到了广泛认可。无论是对于移民、留学生还是其他需要使用多种语言的人士，图书馆提供多语言服务都是一种非常必要和实用的举措。除了满足不同语言背景读者的需求，多语言服务还可以提高图书馆的知名度和声誉。当一个图书馆能够为不同语言背景的人提供服务时，就会引起更多人的关注和认可。这不仅可以吸引更多的读者，还可以为图书馆带来更多的合作伙伴和资助者。另外，多语言服务可以促进不同文化之间的交流和理解。当来自不同语言背景的人使用同一种语言进行交流时，彼此之间的理解和信任就会得到加强。这不仅能够增强人与人之间的联系，还能够维护社会的和谐与稳定。未来，随着全球化的深入和人口流动性的不断提高，多语言服务将会变得越来越重要。因此，图书馆应该加强对多语言服务的建设和推广，以提高图书馆的吸引力和使用率，并促进不同文化之间的交流和理解。

多语言服务可以促进文化交流。多语言服务为不同文化背景的读者提供了交流的平台，有助于促进跨文化理解和沟通。通过为不同语言的读者提供翻译和解释，多语言服务能使各种文化被更多人了解和接受。这种文化的传播不仅有助于促进文化多样性，还可以增加人们对不同文化的认知和欣赏。多语言服务对于文化旅游也具有积极的影响。当游客前往其他国家或地区，语言障碍可能成为沟通的难题。然而，多语言服务可以为游客提供翻译和解释，帮助其更好地了解当地文化、历史和风俗习惯。这不仅可以提升旅游体验，也有助于促进不同国家和地区之间的文化交流和友谊。此外，多语言服务可以促进国际贸易和合作。在商业交易中，准确的理解和沟通至关重要。

多语言服务可以为不同国家和地区的商业合作伙伴提供翻译和解释，帮助其建立联系、开展业务并建立互信关系。这种合作有助于促进全球贸易的增长和经济繁荣。随着全球化的发展，多语言服务的需求也将不断增加。因此，图书馆应该重视和发展多语言服务，以促进不同文化之间的理解和沟通，推动全球文化的繁荣和发展。

多语言服务可以提升国际化水平。多语言服务使图书馆具备了国际化的服务能力，大幅提高了其在国际交流中的地位和影响力。通过提供多语言服务，图书馆能够吸引更多的国际读者，增加其用户数量，扩大其国际影响力。同时，多语言服务还能够提高图书馆在国际交流中的地位，使其成为国际学术交流和知识传播的重要平台。在提供多语言服务的过程中，图书馆需要不断提高其国际化水平和服务质量。这包括提高图书馆员工的跨文化交流能力、拓展多语言资源库、改进多语言服务流程等。同时，图书馆需要加强与国际组织、学术机构和企业的合作，共同推动多语言服务的发展和应用。随着全球化的深入和国际交流的日益频繁，多语言服务已经成为图书馆国际化发展的重要趋势。通过提供多语言服务，图书馆能够更好地融入国际交流和知识传播的大潮，并进一步推动人类文明进步和知识创新。

图书馆在应用和创新多语言服务时，可从以下四个方面来进行。一是采购多语言资源。图书馆应积极采购多语言资源，包括图书、期刊、数据库等，以丰富多语言馆藏。在制定采购计划时，图书馆需要明确采购的目的、需求和预算。对于多语言资源的采购，图书馆需要了解不同语种的需求和读者群体，确定需要采购的语种和数量。同时，还需要考虑语种之间的平衡和覆盖，以满足不同类型读者的需求。需要了解市场上的供应商和资源类型，包括出版商、数据库提供商、在线平台等。对于多语言资源，图书馆需要找到可靠的供应商，确保资源的准确性和可靠性。同时，还需要了解不同资源类型的优缺点，选择适合图书馆的资源类型。在制定采购策略时，图书馆需要考虑读者的需求、图书馆的预算和资源类型等因素。对于多语言资源，图书馆可以考虑采用多种策略，如集中采购、分散采购、长期订阅等。同时，还需要根据不同语种的需求和预算，制定相应的采购策略。通过与供应商建立良好的合作关系，帮助图书馆获得更好的采购优惠和资源支持。对于多语言资源，图书馆需要与可靠的供应商建立合作关系，确保资源的准确性和及时性。同时，还可以与供应商合作开展资源共享、培训等活动，提高资源的利用率。采购完成后，图书馆需要对采购效果开展评估。对于多语言资源，图书馆需要评估资源的利用率、读者反馈、供应商服务质量等方面。通过评估结果，图书馆可以及时调整采购策略，提高采购效率和质量。

二是提供多语言服务。图书馆员工应具备多语言能力，以便为读者提供多语言咨询服务、借阅服务、信息检索服务等。针对不同的语言种类，图书馆需要建设对应的语言资源库，包括全文数据库、元数据、词汇库等，并对这些资源进行更新和维护，确保其合法性和时效性。同时，制定多语言的标准规范，以保障不同用户在同一搜索条件下可以检索到相同的信息。针对不同的语言种类，优化检索算法，使其支持各种语言的查询，从而保证检索结果的精度。通过建立多语言的主题词库和分类标签，为用户提供更加精细化的检索服务。此外，开发多语言的搜索平台，以便用户在不同语言环境中使用。在数字服务平台上提供多语言界面，用户可以在熟悉的语言环境下使用图书馆的数字资源和服务。图书馆还可以提供多语言的信息服务，如参考咨询服务等，以便用户使用熟悉的语言进行检索，以快速找到自身需要的资源。具体的实施方式，需要根据图书馆的实际情况和需求来选择。

三是开展多语言活动。图书馆可以通过举办多语言讲座、读书会、文化交流活动等，有力促进多语言服务的推广和应用。图书馆开展多语言活动的方法有很多，如设立多语言角。在图书馆内设立多语言角，可以提供不同语言的书籍、杂志、报纸等资料，以及一些语言交流工具，如翻译机、语言学习软件等，方便读者学习不同语言。图书馆可以定期举办不同语言的交流会，让读者有机会与来自不同国家和地区的语种人士交流，提高语言实际运用能力。利用自身的资源优势，图书馆可以邀请专业的语言教师，开展不同语言的课程，如英语、日语、法语、德语等，为读者提供学习语言的平台，也可以组织不同主题的语言工作坊，如翻译工作坊、口语工作坊等，让读者在实践中学习语言，提高语言技能。图书馆还可以提供语言咨询服务，帮助读者解决语言学习中的问题，如语法错误、发音不准等。通过多语言阅读推广活动，让读者了解不同国家和地区的文化、历史、风土人情等，加深对不同语言的了解和认识。通过组建多语言志愿者团队，为读者提供不同语言的志愿服务，如翻译服务、导游服务等。开展多语言活动需充分利用自身的资源优势，积极与合作伙伴合作，为读者提供良好的语言学习环境和机会。

四是建立多语言服务平台。利用现代信息技术，建立多语言服务平台，为读者提供更加便捷的多语言服务。图书馆建立多语言服务平台，需要从多个方面入手。在建设多语言服务平台之前，图书馆需要明确服务对象及其语言需求，包括不同语种的用户数量、阅读偏好、信息获取方式等，这有助于为不同语言的读者提供更准确、更有针对性的服务。根据服务对象的需求，图书馆需要收集、整理、加工多种语言的文献资源，包括纸质书籍、电子书籍、期刊、报纸等。同时，对于一些小众语言，图书馆可以通过与相关机构合作，建立专题资源库，以满足用户对特定领域的需求。为了方便用户在不同语言环境中进行检索，图书馆需要优化检索系统，支持多种语言的查询。这包括对检索算法进行优化，使其能够处理不同语言的关键词、短语和句子，提高检索结果的准确性和相关性。图书馆可以配备多语言服务团队，包括母语为不同语言的图书馆员工或志愿者，以便为不同语言的读者提供咨询、导览、借阅等服务。此外，图书馆可以通过多语言网站、社交媒体等渠道，发布活动通知、新书推荐等信息，便于不同语言的用户获取信息。为了不断提高服务质量，图书馆还需要建立用户反馈机制，收集用户对多语言服务的意见和建议。同时，通过对用户行为进行分析，了解用户的阅读偏好和需求，为后续的资源采购和活动策划提供参考。各个图书馆之间也可以加强合作与交流，共同开发多语言服务平台，提高资源的共享和利用效率。此外，图书馆还可以与相关机构、企业等合作，共同推动多语言服务的发展。

一、智能翻译技术的应用

智能翻译技术是利用人工智能技术实现的一种翻译方法，可以将一种语言自动翻译成另一种语言，以便不同语言之间进行交流和沟通。智能翻译技术的优势在于其具有快速、准确、高效的特点，能够自动翻译大量的文本和语音信息，且翻译质量相对较高。其中，自然语言处理技术包括文本分词、词性标注、句法分析等，机器翻译技术则包括基于规则的翻译、基于统计的翻译、神经网络翻译等。

智能翻译技术的应用优势比较多，能够快速地将输入的源语言文本翻译成目标语言文本，且翻译准确率相对较高，这有助于提高翻译的效率和质量；该技术的自动化程度高，因为智能翻译技术主要是通过人工智能技术实现翻译，可以自动完成翻译过程，无需人工干预，从而大大减少了翻译成本和时间；智能翻译技术的适应性强，可以适应不同的领域和场景，如商务、科技、医学等，同时可以应对不同的语言和文本类型，如新闻、小说、邮件等；智能翻译技术能够提供实时翻译服务，无论是在商务会议、科技讨论还是旅行交流中，都可以通过智能翻译技术实现实时语言转换，且不再受时间和空间的限制。

智能翻译技术在图书馆中的应用是十分广泛的，比如跨语言信息检索技术，图书馆中的书籍、期刊、论文等资料，往往包含大量不同语言的文本。智能翻译技术可以将这些不同语言的文本翻译成用户所使用的语言，从而帮助用户更方便地检索和获取所需信息。例如，一个以英语为母语的人可以使用智能翻译技术，将一篇中文论文翻译成英文，以便理解并利用。在自动化编目技术应用中，图书馆的编目工作是图书馆运营的重要环节之一。智能翻译技术可以将图书、期刊等资料的标题、作者、出版社等信息，翻译成统一的语言，以便于图书馆员工进行编目和分类。例如，一个大型图书馆可以使用智能翻译技术，将所有图书的标题和作者信息翻译成英文，以便于统一编目和管理。图书馆的用户服务也是智能翻译技术的一个重要应用领域，例如，一些图书馆使用智能翻译技术来提供 24 小时在线服务，帮助用户检索和获取所需的资料。此外，智能翻译技术可以帮助图书馆员工更好地与用户沟通，例如在回答用户的问题时提供更加准确的翻译。图书馆中自动化摘要和关键词提取的技术应用也很关键，智能翻译技术可以用于自动化摘要和关键词提取，从而帮助图书馆员工更加高效地组织和整理资料。例如，一个图书馆可以使用智能翻译技术将一批英文论文的摘要和关键词翻译成中文，以便中文学者更好地利用这些论文。这些只是智能翻译技术在图书馆中的一些典型应用案例，实际上，随着技术的发展和应用场景的扩大，智能翻译技术在图书馆中的应用将会越来越广泛。

二、多语言图书馆服务的案例

多语言图书馆服务是指图书馆在数字服务领域提供多语种支持，以吸引和满足不同语言背景的用户。这种服务的意义在于提高图书馆的可访问性，促进文化交流和理解，以及扩大图书馆的国际影响力。实施多语言支持需要图书馆采取一系列措施，包括在数字服务平台上提供多语言界面，增设多语言的搜索功能，以及提供多语言的信息服务等。

如今随着全球化的深入，多语言服务变得越来越重要。作为文化交流和知识传播的重要场所，多语言图书馆为不同语言和文化背景的人们提供了广阔的平台。例如，某市多语言图书馆自 2015 年成立以来，致力于为当地居民提供多元文化的阅读体验。该图书馆拥有丰富的多语言藏书，包括中文、英文、法文、德文、日文等多种语言。读者可以根据自己的语言偏好选择相应的书籍。此外，图书馆定期举办了各种文化活动，如讲座、展览、读书会等，为读者提供了一个互动交流的平台。

首先，从多元文化的体现来看，该多语言图书馆注重收藏各种语言的书籍，读者能够了解和欣赏不同文化的魅力。同时，图书馆定期组织多元文化的活动，进一步加深读者对不同文化的认识和了解。其次，从读者需求的满足来看，通过提供多种语言的书籍和活动，该图书馆满足了不同语言读者的需求。这有助于促进当地居民的文化交流和知识共享。最后，从服务创新的维度来看，该图书馆不断进行服务创新，推出多种受欢迎的活动，如朗读比赛、故事会等，成功吸引了更多的读者参与。

该多语言图书馆比较重视多元文化，注重收藏多种语言的书籍，展现世界各地的文化特色，满足不同读者的需求。同时，多语言图书馆的服务应以读者需求为导向，不断进行服务创新，提高读者的满意度。另外，多语言图书馆可以与其他文化机构、学校等合作，共同举办各种文化活动，扩大影响力。为了提供更好的多语言服务，图书馆需要对员工进行培训，以期提高员工的跨文化交流能力。

该多语言图书馆的成功经验表明，重视多元文化、以读者为中心、加强合作和员工培训，是多语言图书馆提供优质服务的关键。未来，多语言图书馆应继续发挥其文化交流和知识传播的作用，为促进全球化和文化多样性的发展作出贡献。

第三节　本土文化保护与传承

本土文化是指由本土人民共同组成的文化，既包括经典的文化元素，也包括地方的和乡土的文化。本土文化是本民族的习惯和思维方式沉淀的结晶，是本土独创的一种文化形式，具有独特性、民族性与纯粹性。本土文化的特点有很多，如独特性、民族性、纯粹性、历史性、地方性、多样性、延续性等。本土文化具有鲜明的个性特点，反映了本土人民在特定地域、历史、文化等方面的独特表现；本土文化代表了一个民族的文化传统和价值观，体现了民族的精神和文化认同；本土文化是由本土人民共同创造和传承的文化形式，较少受到外来文化的影响，具有纯粹的文化内涵；本土文化通常具有深厚的历史底蕴，反映了不同历史时期的文化传承和发展；本土文化与地方特色紧密相连，反映了地方的风土人情、生活方式和传统文化；本土文化包含了各种不同的文化元素和文化形态，如民间艺术、地方戏曲、传统手工艺等；本土文化经过长期的历史积淀和传承，拥有了持续发展的能力，能够适应时代的变化和社会的发展。因此，本土文化是一个民族、一个地区或一个团体所特有的文化形式，具有独特的价值和意义，需要得到充分的保护和传承。

对本土文化的保护与传承具有极其重要的价值和作用。对一个国家或地区来说，它不仅代表着当地的历史、传统、风俗和信仰，还反映了当地人民在长期生活实践中积累的智慧和经验。保护和传承本土文化可以促进社会和谐、增强民族认同感、提高文化自信心，也有助于推动文化多样性的发展和人类文明的进步。因此，人们应该重视本土文化的保护与传承工作，采取积极的措施和方法，确保这些宝贵的文化遗产得以传承和发扬光大。

本土文化的保护与传承可以维护文化多样性。本土文化是世界文化的重要组成部分，每一种本土文化都代表着一种独特的文化形态和价值观。在全球化的背景下，各种文化的交融和影响日益加深，保护和传承本土文化对于维护世界文化的多样性具有重要意义。因此，本土文化不仅是一个国家或地区的文化象征，更是人类文明的重要组成部分。每一种本土文化都蕴含独特的历史、哲学、艺术、文学等各个方面的精神财富，尤其是在全球化的背景下，各种文化的交融和影响日益加深，保护和传承本土文化对于维护世界文化的多样性至关重要。在全球化的今天，各种文化之间的交流和融合已经成为一种趋势。然而，这种趋势也带来了一种风险，那就是文化的同质化。如果人们只追求一种文化，那么其他本土文化的消失就不可避免。首先，保护和传承本土文化可以让人们更好地保持文化的多样性。其次，保护和传承本土文化有助于增强民族认同感和凝聚力。每一种本土文化都是一个民族或地区的历史和文化积淀，是人们身份认同的重要来源。保护和传承本土文化，可以让人们更好地了解自己的历史和文化，增强民族认同感和凝聚力。同时可以让人们更好地理解其他民族的文化，促进不同民族之间的交流和理解。最后，保护和传承本土文化有助于推动文化产业的发展。本土文化是一种重要的文化资源，具有独特的人文价值和商业价值。保护和传承本土文化可以开发出具有本土特色的文化产业，如文艺作品、旅游产品、手工艺品等。这些文化产业不仅可以创造经济效益，还可以促进本土文化的传播和发展。

本土文化的保护与传承能够有效促进社会和谐。本土文化通常承载着当地人的历史、传统和价值观，是促进社会和谐的重要基础。保护和传承本土文化有助于维系社会关系的稳定，增强社区内部的凝聚力和认同感。在当今全球化的时代，文化的多样性显得尤为重要。每个社区的本土文化都是其独特的历史、地理、人文等综合因素的结果，是构成社区独特性的重要元素。保护和传承本土文化能够维护文化的多样性，使得社会更加和谐。同时，本土文化的保护和传承有助于提升社区的自信心和自尊心。当社区成员对自己的本土文化有更深入的了解和认识时，就会对自己的身份有更强的认同感，从而促进社区内部的和谐。此外，本土文化的保护与传承也有助于促进经济发展。独特的本土文化能够吸引更多的游客和投资者，从而带动当地经济的发展。同时，本土文化的保护和传承能够为社区创造更多的就业机会，从而进一步促进社会的和谐。重视本土文化的价值，并通过各种方式来保护和传承本土文化，才有利于社会的和谐、繁荣。

本土文化的保护与传承可以推动经济发展。本土文化可以成为经济发展的重要资源。保护和传承本土文化可以开发具有地方特色的文化产业，促进当地经济的发展。同时，本土文化的保护和传承可以带动相关产业的发展，如旅游、教育等。本土文化的保护和传承可以增强当地人的文化认同感和归属感，减少文化冲突的发生。同时，本土文化的传承和发展可以促进不同文化之间的交流与融合，增进不同地区之间的了解和友谊。为了更好地保护和传承本土文化，需要采取积极的措施。首先，政府应该加大对本土文化保护的投入力度，制定相关政策和法规，为本土文化的保护和传承提供法律保障。其次，社会各界应该加强对本土文化的关注和支持，鼓励更多的人参与本土文化的传承和发展。最后，教育部门应该加强对本土文化教育的普及和推广，让更多的人了解和认同本土文化。本土文化的保护与传承对于经济发展和社会和谐都具有重要意义，因此，图书馆需要传承和发扬优秀的本土文化。

本土文化的保护与传承可以增强民族认同感。本土文化是民族认同的重要来源。保护和传承本土文化可以增强人们对本土文化的了解程度和认同感，进而极大增强民族凝聚力和向心力。现实生活中，本土文化在人们的生活中扮演着至关重要的角色，承载着丰富的历史和文化传统，代表着特定地域和族群的精神追求和价值观。保护和传承本土文化不仅是对历史和文化的尊重，更是对未来发展的投资。全球化时代的影响下，文化的多样性和本土文化的独特性受到了前所未有的关注。人们逐渐认识到保护和传承本土文化不仅是对自身文化的认同，更是对人类文明的贡献。因此，越来越多的人开始致力于本土文化的传承和推广，通过各种方式让更多的人了解和认同本土文化。例如，一些非遗传承人通过口传身授的方式，将古老的技艺和传统文化传承给年轻一代。同时，通过各种渠道向外界展示本土文化的魅力，吸引更多的人关注和了解本土文化。此外，一些社会团体和文化机构积极参与本土文化的保护和传承，通过举办各种文化活动、展览和讲座等方式，让更多的人了解和认同本土文化。通过保护和传承本土文化，人们可以更加深入地了解自己的历史和文化传统，增强民族凝聚力和向心力；它还可以促进不同地域和族群之间的交流和互动，增进相互了解和友谊。在这个过程中，人们不仅可以感受到本土文化的独特魅力，还可以体验到人类文明的多样性和丰富性。

本土文化的保护与传承可以保护生态环境。因为本土文化是当地生态环境的产物，也是其重要组成部分。很多本土文化与当地的生态环境密切相关，保护和传承本土文化有助于保护当地的生态环境，促进可持续发展。本土文化的传承和发展离不开生态环境的保护和建设，一些本土文化中蕴含对当地生态环境的保护意识，如某些民族的图腾信仰、自然崇拜等，这些文化传统都体现了对自然环境的尊重和保护。同时，本土文化的传承和发展需要生态环境的支撑，如一些传统文化活动需要在特定的自然环境中进行，如果环境被破坏，这些文化活动也将受到影响。因此，保护和传承本土文化对于保护当地生态环境具有积极意义。一方面，可以通过保护和传承本土文化，增强当地居民对生态环境的保护意识，提高他们的环保素质，从而更好地保护生态环境；另一方面，本土文化的传承和发展可以促进当地生态环境的保护和建设，如通过发展生态旅游等产业，推动当地经济发展和生态环境的保护。在保护和传承本土文化的过程中，需要注重以下几点。首先，要加强对本土文化的挖掘和整理。很多本土文化处于濒临失传的境地，需要通过深入的挖掘和整理，使其得到更好的传承和发展。其次，要注重对生态环境的保护和建设。在发展文化产业的同时，要注重对生态环境的保护和建设，力求实现经济发展和生态保护的双赢。最后，要加强对本土文化的宣传和推广。通过各种渠道加强对本土文化的宣传和推广，增强当地居民的文化认同感和自豪感，从而更好地传承和发展本土文化。在未来的发展中，需要着重对本土文化的挖掘和整理、对生态环境的保护和建设以及对本土文化的宣传和推广等方面的工作，以实现经济发展和生态保护的双赢。

本土文化的保护与传承可以推动创新发展。本土文化的保护和传承并不意味着完全保留传统。相反，它需要与现代社会相适应，融入新的元素，实现创新发展。这样的过程有助于推动社会的创新进步。但是本土文化的保护和传承并不是要完全保持传统的原貌，而是要在现代社会中寻找它与新元素的融合点，实现创新发展。这样的过程，既是对历史的尊重，也是对未来的投资。在保护和传承本土文化的过程中，图书馆需要以开放的心态去接纳新的元素，包括现代科技、艺术、社会理念等。这些新的元素可以为本土文化注入新的活力，让它更具有时代特征。例如，在传统的手工艺中加入现代科技，可以提高生产效率，在保留传统的同时实现了技术的创新。同时需要注重对本土文化内在价值的挖掘。在保护和传承本土文化的过程中，需要深入了解其历史、文化、社会背景等，以找到其独特的内在价值。这些价值可能包括人文精神、道德观念、艺术审美等。在新的时代背景下，这些价值可以被赋予新的意义，为现代社会的发展提供新的启示。此外，需要注重对本土文化的传承与创新。传承是创新的基础，创新是传承的动力。在保护和传承本土文化的过程中，需要注重传承与创新的平衡。通过教育、活动、项目等方式，让更多的人了解和参与本土文化的传承与创新。本土文化的保护和传承需要全社会的参与。政府、学术机构、民间组织、企业等各方力量应该共同努力，制定政策、开展研究、推广活动、提供资金支持等，以推动本土文化的保护和传承工作。同时，每个人都有责任去了解和尊重本土文化，为本土文化的保护和传承贡献自己的力量。

本土文化的保护与传承对于维护世界文化的多样性、促进社会和谐、推动经济发展、强化民族认同、保护生态环境以及推动创新发展都具有重要意义。同样，本土文化的保护和传承是一个复杂而又重要的任务，需要图书馆保持开放的心态，积极接纳新的元素，深入挖掘本土文化的内在价值，坚持传承与创新并重，并倡导全社会的共同参与。只有这样，才能让本土文化在新的时代背景下焕发出新的生机和活力，从而促进社会的创新和进步。

在保护和传承本土文化时，图书馆可以通过以下几种方式实现。

一是建立特色数据库。图书馆可以建立关于本土文化的特色数据库，这些数据库包含丰富多样的信息，如历史事件的详细记载、民俗风情的生动描述、艺术作品的形象展示、文学经典的完整收录等。这些文献资料不仅具有极高的学术价值，也为读者提供了更为全面和深入的本土文化信息。通过这些特色数据库，读者可以更加方便地了解和探索本土文化的深厚底蕴和独特魅力，进而促进本土文化的传承和发展。同时，这些数据库的建立可以为学术研究提供丰富的资料，吸引更多的学者和专家关注和研究本土文化，进一步推动本土文化的繁荣和发展。除了特色数据库的建立，图书馆还可以通过多种方式来推广本土文化。例如，定期举办文化讲座、展览和研讨会，邀请本土文化专家和学者进行分享和交流，让更多的人了解和认识本土文化的价值和意义。同时，图书馆可以开展各种形式的阅读推广活动，包括本土文化的主题阅读、经典诵读、读书俱乐部等，吸引更多的读者参与其中，增强对本土文化的认同感和归属感。另外，图书馆可以通过数字化技术来保护和传承本土文化。将本土文化的文献资料、艺术品、照片等进行数字化处理，永久性地保存下来，并建立数字博物馆和虚拟展览馆等，让更多的人通过网络来了解和欣赏本土文化。同时，图书馆可以通过与学校、社区等机构合作，开展各种形式的本土文化教育活动，让更多的人深入了解本土文化的内涵和特点，促进本土文化的传承和发展。图书馆作为文化传承的重要机构，应该积极参与本土文化的保护和传承。通过建立特色数据库、举办文化活动、开展阅读推广、进行数字化保护和传承等方式，为读者提供更加全面和深入的本土文化信息和服务，有力促进本土文化的传承和发展。

二是开展文化活动。图书馆是一个富含文化底蕴的场所，承载着人类文明的历史与知识。为了更好地传承和推广本土文化，图书馆可以定期举办各种文化活动，如讲座、展览、读书会等。这些活动不仅可以让更多的读者了解和参与本土文化的传承，也可以提高图书馆的知名度，扩大其影响力。在讲座方面，图书馆可以邀请专家学者，针对不同的主题进行深入剖析和讲解，让读者更加全面地了解本土文化的内涵和价值。在展览方面，图书馆可以展示本土艺术家的作品，充分呈现本土文化的独特魅力和精神内涵。在读书会方面，图书馆可以组织读者共同阅读本土作家的经典作品，引导读者深入了解本土文学的魅力和特色。通过举办这些文化活动，图书馆不仅可以吸引更多的读者来到图书馆，了解和参与本土文化的传承，也可以提高图书馆的知名度，扩大其影响力。这些活动可以让更多的人了解和关注本土文化，从而促进本土文化的传承和发展。除此之外，图书馆可以与当地的文化机构合作，共同举办文化交流活动，促进本土文化的传承和发展。例如，图书馆可以邀请当地的作家、艺术家、历史学家等来分享自己的经验和见解，让读者更深入地了解本土文化的魅力和价值。另外，图书馆可以通过网络平台，如社交媒体、官方网站等，发布相关文化活动的信息和宣传材料，吸引更多的读者关注和参与。图书馆也可以开展线上活动，如网络讲座、在线展览等，以满足不同读者的需求。通过这些方式，图书馆不仅可以推广本土文化，还可以彰显自身的社会价值，扩大其影响力。同时，这些活动可以加深社会对本土文化的认识和了解，增强社会对本土文化的认同感和凝聚力。

三是收藏和保护文献资料。图书馆应该积极、热心、努力地收藏和保护关于本土文化的文献资料，这些文献资料包括有价值的书籍、报刊、珍贵的手稿、具有历史意义和艺术价值的照片等。这些文献资料是本土文化的重要载体，是历史和传统的见证，具有极高的文化价值和历史价值。因此，图书馆应该尽一切可能采取措施，确保这些文献资料得到妥善保存和传承。通过采取适当的保存措施，如控制湿度、避免阳光照射、防止虫蛀等，确保这些文献资料长期保存，为后代留下宝贵的文化遗产。此外，图书馆可以通过开展各种活动，如讲座、展览、文化交流等，向公众普及本土文化的知识，深化公众对本土文化的认识和了解，从而促进本土文化的传承和发展。

此外，图书馆应该加强对本土文化的研究和推广。可以通过举办展览、讲座、研讨会等活动，向读者介绍本土文化的历史、现状和未来发展趋势。同时，图书馆可以与本土文化机构紧密合作，共同开展文化交流活动，促进本土文化的传承和发展。在数字化时代，图书馆应该积极推进本土文化数字化建设。利用现代技术手段，将本土文化文献资料转化为数字资源，方便读者进行查询和阅读。同时，图书馆可以通过网络平台向更广泛的读者群体推广本土文化，扩大其影响力，提高认知度。通过多种方式和方法，积极推动本土文化的传承和发展，为丰富人类文化宝库作出贡献。

四是加强数字化保护。随着科技的飞速发展，数字化技术已经渗透各个领域。在图书馆领域，人们可以运用先进的数字化技术，将宝贵的本土文化资源进行数字化处理，从而建立一个集信息共享、资源保护与开发、知识服务于一体的数字图书馆或虚拟博物馆。这样的平台可以打破时空的限制，让更多的人了解和接触本土文化的精髓，从而促进文化的传承与发展。本土文化作为民族精神和历史记忆的载体，具有不可替代的重要价值。然而，在当今社会，许多优秀的本土文化面临着逐渐消失的危机。为了保护和传承这些珍贵的文化遗产，图书馆需要借助数字化技术的力量。运用数字化技术，将本土文化的各种形态进行数字化转化，以数字形态永久地保存下来，从而为后代留下一个全面、真实的历史记录。同时，数字化技术可以为本土文化的保护提供更加安全和可靠的保障。数字图书馆或虚拟博物馆的建立可以让人们便捷地对本土文化进行更新、完善和修复，以保持其鲜活性和时代性。此外，数字化技术可以通过数据挖掘、数据分析等手段，对本土文化进行深入研究，为学术研究提供更加丰富、准确的数据支持。数字化技术为本土文化的保护、传承和发展提供了更加广阔的空间和更加可靠的支持，图书馆作为本土文化的重要载体，应该积极利用数字化技术，为传承和发展本土文化作出更多贡献。图书馆运用数字化技术，可以让更多的人了解和接触到本土文化，有效促进文化的传承与发展；同时也可以为本土文化的保护提供更加安全和可靠的保障。

五是促进学术研究。图书馆在推动本土文化学术研究方面扮演着至关重要的角色。作为文化和知识的宝库，图书馆不仅拥有丰富的文献资料，还提供了宁静的学习环境和研究支持。这些资源可以帮助学者和研究人员深入研究本土文化的内涵和价值，挖掘其独特的历史、传统和文化元素。通过学术研究，学者可以更深入地理解本土文化的精髓和特点，从而推动其创新和发展。这种研究不仅有助于传承和弘扬本土文化，还可以为现代社会提供新的视角和思考方式。通过图书馆的文献资料和研究支持，学者可以获得更多的灵感和知识，为本土文化的创新和发展贡献力量。此外，图书馆可以通过举办各种活动和讲座，推广本土文化的知识和价值。这些活动可以吸引更多的年轻人和公众参与，增强人们对本土文化的认同感和热爱之情。通过这些活动，图书馆可以为社会注入更多的文化活力和创新元素，推动本土文化的繁荣和发展。除此之外，图书馆可以定期举办本土文化研究相关的讲座、研讨会和展览，为学者和研究人员提供学术交流的平台，促进学术研究的深入发展。图书馆还可以通过数字化技术，将本土文化相关的文献资料和研究成果进行数字化保存和推广，方便学者和研究人员的研究和学习。比如通过与学校、社区、文化机构等合作，共同开展本土文化的教育和推广活动，让更多的人了解和认识本土文化，提高本土文化的认知度，扩大其影响力。此外，图书馆可以通过开展与文化创意产业相关的活动，如本土文化产品的设计、开发和营销等，积极推动本土文化的产业化和市场化发展。

六是与社区合作。图书馆可以与当地社区紧密合作，共同推进本土文化的传承和发展。在这个过程中，图书馆可以发挥其作为文化传承重要场所的作用，为社区提供丰富的文献资料和各种信息服务。这些文献资料可以是关于本土历史、民俗、艺术、文学等方面的资料，帮助社区成员更好地了解和认识本土文化的深厚底蕴和价值。

通过与社区合作，图书馆不仅能够更好地了解本土文化的现状和发展需求，也能够借助社区的力量，为本土文化的传承和发展提供更全面、更有效的服务。图书馆可以为社区成员提供有关本土文化的讲座、展览、文化体验等活动，进一步增强人们对本土文化的认同感和自豪感。同时，图书馆可以通过与社区合作，开展针对本土文化传承和发展的研究项目，为本土文化的持续发展和创新提供理论支持和实践指导。除此之外，图书馆可以与当地学校合作，为学生提供历史文化课程和乡土文化实践活动。通过这些活动，学生可以更好地了解本土文化的历史渊源和发展现状，增强对本土文化的认同感和自豪感。图书馆还可以通过开展各种文化活动，推进本土文化的传承和发展。例如，可以举办本土文化展览、讲座、演出等活动，让更多的人了解本土文化的魅力和价值。同时，图书馆可以通过开展文化创意产业合作，推广本土文化产品，让更多的人了解和喜爱本土文化。在推进本土文化的传承和发展中，图书馆应该注重对本土文化的保护和传承。要加强对本土文化的研究和整理，保护本土文化的传统技艺和文化遗产，同时注重对本土文化的创新和发展。只有这样，才能让本土文化在时代的发展中不断发扬光大，为更多的人所了解和喜爱。保护和传承本土文化时，图书馆可以采取多种方式来进行，从而为读者提供更加全面和深入的文化服务。

一、智能服务对本土文化的影响

随着科技的飞速发展，智能服务已经渗透进人们生活的各个角落，从线上购物、在线教育，到自动驾驶、医疗诊断，智能服务的触角几乎触及了每一个领域。然而，这种技术进步的背后，对本土文化的影响却鲜少被关注。首先，智能服务对本土文化产生了积极影响。信息时代，智能服务能够帮助人们更有效地获取、处理、分析和挖掘各种文化资源，如历史文献、艺术品、音乐、电影等。这不仅丰富了人们的文化生活，也为深入研究本土文化提供了前所未有的便利。同时，智能服务在一定程度上保护和传承了本土文化。例如，通过数字化技术，许多濒临失传的传统文化可以得到以永久保存。

具体来说，智能服务对本土文化产生的积极影响，可以体现在以下几个方面。从文化传承的角度分析，智能服务可以通过数字化和信息化的方式，将本土文化进行整理、归纳和传承，使得这些文化能够打破时间和空间的限制，被更多人了解和认识。例如，通过智能语音助手，人们可以随时随地听取和了解各种传统故事和民间传说。从文化创新的角度分析，智能服务可以借助人工智能和大数据等技术，对本土文化进行深入挖掘和分析，发现其中的独特价值和现代意义，进而推动文化的创新和发展。例如，通过智能图像识别，传统艺术作品可以被自动分类和标注，为艺术研究和创新提供更多可能。从文化交流的角度分析，智能服务可以促进本土文化与世界文化的交流和互动，扩大本土文化的国际影响力，增强竞争力。例如，通过智能翻译和语音转换技术，人们可以轻松地了解其他国家和地区的文化，同时将自己的本土文化传播出去。从文化教育的角度分析，智能服务可以为本土文化的教育和普及提供更好的条件。例如，通过智能教学助手，将传统文化知识融入日常教育，加深学生对本土文化的认知和理解。从文化产业升级的角度分析，智能服务可以促进本土文化产业的升级和转型。例如，通过人工智能技术，对文化产业中的各个环节进行智能化改造，提高生产效率和质量，同时开发出更多具有创新性和市场潜力的文化产品。在本土文化的传承、创新、交流、教育和产业发展等方面，智能服务都可以提供强有力的支持，推动本土文化的繁荣和发展。

然而，智能服务对本土文化的消极影响也不容忽视。首先，智能服务的全球化加速了文化的同质化。尽管互联网让人们可以接触世界各地的文化，但与此同时，本土文化的独特性正逐渐消失。在全球化的大背景下，本土文化的特色和差异可能被淹没，导致文化的多样性减少。虽然智能服务的普及也加速了信息的传播，在信息时代，人们可以迅速获取和传播各种信息，这使得知识和信息的获取更加便捷。但是，这也可能导致信息的真实性难以辨别，出现虚假信息泛滥的情况。此外，信息的过度传播可能导致人们的隐私泄露，从而引发一系列安全问题。智能服务的进步也带来了新的教育模式，在线教育的兴起可以使人们可以随时随地学习，这无疑提高了教育的普及率和效率。然而，这也可能导致传统教育模式的衰落，使得一些优秀的教育资源无法得到充分利用。同时，智能服务的普及可能导致人们对于机器的依赖程度过高，从而影响人类的思考能力和创新精神。智能服务的广泛应用也带来了新的就业模式。随着自动化和智能化的发展，一些传统的工作岗位被机器替代，但也创造了新的就业机会。然而，这可能导致人力资源的分配不均，使得一些人无法适应新的就业环境，从而陷入就业困境。智能服务的普及对于社会的影响是复杂且深远的。人们在享受智能服务带来的便利和效率的同时，也应该警惕其可能带来的挑战，并积极应对。

其次，智能服务可能导致本土文化的浅层化。当人们过于依赖技术来获取信息时，很可能忽略对本土文化的深度理解和体验。这种现象在当今社会中已经有所体现，随着科技的发展，越来越多的人开始使用智能设备来获取信息、解决问题，甚至进行文化交流。然而，这种过度依赖技术的方式也带来了一些负面影响。当人们过于依赖智能服务来获取信息时，可能会忽略对本土文化的深度理解和体验，仅仅停留在表面的文化表现上，而无法深入了解本土文化的内涵和历史积淀。本土文化的深厚内涵和历史积淀是经过数百年、数千年积累和传承而来的，代表了一个民族、一个社区的智慧和经验。如果人们无法深入了解和体验本土文化的深厚内涵，那么这种本土文化很可能因为智能服务的便利而变得肤浅。此外，智能服务的普及可能会导致本土文化的同质化。当不同地区、不同文化背景的人们都使用相同的智能服务时，可能逐渐失去自己的文化特色和个性。这种文化同质化现象可能导致本土文化的多样性和丰富性逐渐消失，取而代之的是一种普遍化的文化形态。因此，人们需要警惕智能服务对本土文化的负面影响，在享受智能服务带来的便利的同时，也要注重对本土文化的深度理解和体验。通过尊重本土文化的独特性和历史积淀，避免因为过度依赖技术而忽略了对本土文化的传承和发展。只有这样，才能真正利用智能服务的优势，同时保护和传承本土文化。

再者，智能服务的普及可能加剧文化冲突。当不同文化背景的人在使用同一种智能服务时，可能会对信息的理解和处理方式产生分歧，从而加剧文化冲突。智能服务的普及还可能导致社会关系的疏离。如今，越来越多的人依赖智能服务来解决问题和获取信息，人们之间的直接交流和互动可能减少，导致社会关系的疏离。智能服务虽然能够提供方便和高效的服务，但也可能让人们变得更加孤立和冷漠。智能服务的普及还会带来一些新的道德和伦理问题。例如，智能服务可能会加剧信息不对称和不公平现象，使一些人利用智能技术获取不当利益或者损害他人的利益。此外，智能服务的隐私保护是一个重要的问题，因为智能服务需要大量的个人信息来提供服务，而这些信息可能被滥用或者泄露。智能服务的普及虽然带来了很多便利和机遇，但也存在一些问题和挑战。因此，人们应该认真思考和解决这些问题，以充分发挥智能服务的优势，同时减少其可能带来的负面影响。

智能服务对本土文化的影响是双面的，在享受智能服务带来的便利的同时，人们也应该警惕其可能带来的消极影响。应该努力找到一种平衡，既充分利用智能服务的优势，又保护和传承本土文化的独特性和价值。一方面，智能服务以其全球化的视野和多元化的信息库，为人们提供了更广阔的视野和更多的选择，人们能够更加方便快捷地获取世界各地的知识、信息和资源，极大地丰富了人类生活。另一方面，智能服务可能对本土文化带来一些消极的影响，随着智能服务的普及，越来越多的人开始依赖于网络搜索、智能推荐等服务，逐渐失去了自主思考和自主决策的能力。此外，智能服务所提供的信息和内容往往来自不同的文化和价值观，这可能对人们的价值观产生影响，甚至可能影响本土文化的传承和发展。因此，在享受智能服务带来的便利的同时，需要维持一种平衡，既能充分利用智能服务的优势，又保护和传承本土文化的独特性和价值。在使用智能服务的同时，要注重培养自己独立思考的能力，保持对本土文化的认同和尊重。同时，积极参与本土文化的传承和发展，通过自己的行动，有效保护和发扬本土文化的独特性和价值。

二、本土文化保护的路径

随着球化的深入，文化的多样性和独特性显得尤为重要。本土文化作为一座城市或一个社区的灵魂和身份象征，需要得到积极的保护和传承。图书馆作为文化和知识的储存地，肩负着保存和传播本土文化的使命。图书馆在本土文化保护中占据着重要地位。首先，在文化资源的收集与整理方面，图书馆是文化和知识的宝库，负责收集、整理和保存各种文化资源。这包括关于本土文化的一系列资源，如历史、传统、习俗、语言等。通过系统的分类和归档，这些资源得以永久保存，为后代提供了研究和学习本土文化的机会。其次，图书馆是文化教育的推动者。通过举办各种活动，如讲座、研讨会、展览等，推动本土文化的传播和教育，为社区成员提供了了解和接触本土文化的机会，增强了人们对本土文化的认同感和自豪感。最后，图书馆是社区活动的中心。图书馆作为社区活动的中心，为社区成员提供了交流和分享的平台。在这里，人们可以分享自己的故事，了解他人的经历，进一步增强社区的凝聚力和独特性，这也为本土文化的传承和保护，提供了良好的应用路径。

图书馆在本土文化保护中，需要采取多种措施，如加强数字化保护。随着科技的发展，图书馆应积极利用数字化技术，对本土文化资源进行数字化转化和保存。这不仅有助于资源的永久保存，还能方便更多的读者和研究人员使用和研究这些资源。在数字化转化和保存的过程中，图书馆可以利用现代科技手段，如人工智能、大数据等，对本土文化资源进行高效、准确的数字化处理。例如，图书馆可以采用光学字符识别（OCR）技术，将古籍文献转化为可编辑的电子文本，便于后续的编辑、整理和保存。同时，图书馆可以利用人工智能技术，对数字化资源进行自动分类、标引和检索，提高资源管理的效率和准确性。除了数字化转化和保存，图书馆还可以通过数字化技术，将本土文化资源推荐给更多的读者和研究人员。例如，图书馆可以将本土文化资源数字化后，通过互联网平台向全球用户提供在线阅读和下载服务，让更多的人了解和利用这些资源。同时，图书馆可以与其他机构合作，将本土文化资源纳入全球性的数字图书馆联盟，实现资源的共享和互操作，提高资源的利用率。在数字化技术的应用中，图书馆还需要关注本土文化资源的版权和知识产权问题。对于具有版权限制的资源，图书馆应当与版权方进行合作，合法合规地使用这些资源。同时，图书馆应当建立完善的版权管理制度，防止侵权行为的发生，保障本土文化资源的合法使用和传播。随着科技的发展，图书馆应积极利用数字化技术，对本土文化资源进行数字化转化和保存，并推广给更多的读者和研究人员。

促进文化教育也很重要。图书馆应进一步加强本土文化教育活动，深化公众对本土文化的认知。这可以通过定期举办讲座、研讨会、展览及开设相关的课程来实现。图书馆作为公共文化机构，有着丰富的文化资源，可以发挥其独特的优势，为本土文化的传承和发展作出贡献。为了深化公众对本土文化的认知，图书馆可以采取多种措施。首先，图书馆可以定期举办讲座和研讨会，邀请文化专家和学者来分享本土文化的历史、特点和价值。这样可以让公众更深入地了解本土文化，增强对本土文化的认同感和自豪感。同时，图书馆可以通过展览和展示本土文化相关的文物、手工艺品和文学作品等，让公众更直观地感受本土文化的魅力。其次，图书馆可以通过开设相关课程和开展培训，深化公众对本土文化的认知。例如，可以开设有关本土文化的历史、文化和艺术课程，让公众更全面地了解本土文化的各个方面。此外，图书馆可以通过培训和讲座，提升公众对本土文化保护和传承的意识。最后，图书馆可以通过开展社区活动和合作项目，促进本土文化的传承和发展。例如，可以与当地的文化机构、社区组织和学校合作，共同开展本土文化的推广和教育活动。此外，图书馆可以通过举办文化节、演出和比赛等活动，为公众提供更多了解和体验本土文化的机会。图书馆进一步强化本土文化教育活动，深化公众对本土文化的认知不仅有助于传承和发展本土文化，还可以促进社会和谐与进步。

加强社区参与是保护和传承本土文化的重要路径。图书馆应积极邀请社区成员参与本土文化的保护和传播。这可以通过举办公开征集活动、社区故事分享会、本土文化主题活动等方式实现。这样不仅能加深社区成员对本土文化的理解和认同，还能丰富图书馆的馆藏资源。图书馆可以组织社区成员参与本土文化的传承活动，如传统手工艺制作、地方戏曲表演等。这将有助于更多的人了解和掌握本土文化的精髓，同时为图书馆增添特色馆藏资源。为了更好地保护和传播本土文化，图书馆可以加强与相关机构的合作。例如，与当地博物馆、文化馆等合作，共同开展文化交流活动；与高校、研究机构合作，共同开展研究项目，挖掘本土文化的深层价值；与社区团体、民间组织合作，共同开展公益活动，推广本土文化。此外，图书馆可以通过互联网等渠道拓宽本土文化的传播途径。例如，建立数字化平台，将本土文化资源数字化并传输至网络平台，方便更多人查阅；利用社交媒体等新媒体平台，发布本土文化相关信息，吸引更多人关注；开展线上活动，如网络直播、线上讲座等，让更多人参与本土文化的传承。通过以上措施，图书馆不仅可以提升社区成员对本土文化的认同感和自豪感，还能丰富馆藏资源并拓宽传播途径。这有助于推动本土文化的传承与发展，为社区成员提供更加丰富多彩的文化生活。

随着全球化的深入，本土文化的保护和传承变得越来越重要。图书馆作为文化传播的重要机构，在这方面发挥着不可或缺的作用。下面以杭州图书馆为例，探讨图书馆在本土文化的保护和传承中的具体应用。

杭州图书馆是一座有着深厚历史底蕴的公共图书馆，一直以来都致力于为杭州市民提供丰富的阅读资源。同时，杭州图书馆深刻认识到了本土文化的重要性，并采取了一系列措施来保护和传承杭州地区的本土文化。

首先，建立特色馆藏。杭州图书馆为保护和传承杭州本土文化，建立了丰富的特色馆藏，包括杭州地方志、古籍、历史文献等。这些特色馆藏为研究杭州历史和文化提供了宝贵的资料。杭州图书馆定期举办各种文化活动，如讲座、展览、读书会等，旨在传播本土文化，加深市民对本土文化的认识和了解。在培训和教育方面，杭州图书馆为市民提供了多样化培训和教育课程，如书法、国画、戏曲等，以培养市民对本土文化的兴趣和技能。通过数字化技术，杭州图书馆将一些珍贵的古籍和文献转化为电子资源，实现了永久保存。同时，这些数字化资源可以更好地向公众传播，进一步扩大其影响力。除此之外，杭州图书馆还积极参与国际交流与合作，与世界各地的图书馆共同开展有关杭州本土文化的合作项目，推动杭州文化的全球化传播。

"杭州记忆"是杭州图书馆的一个大型项目，旨在通过收集、整理、保存和展示杭州的历史记忆，保护和传承杭州的本土文化。该项目包括建立"杭州记忆"数据库、举办"杭州记忆"展览、推出"杭州记忆"系列讲座等。通过这些丰富多彩的活动，杭州图书馆成功地唤起了市民对本土文化的热爱和自豪感，同时吸引了大量外地游客前来了解杭州的历史和文化。此外，通过与国内外众多图书馆和学术机构合作，"杭州记忆"项目还成功地推动了杭州文化的全球化传播。

杭州图书馆的案例表明，图书馆在本土文化的保护和传承过程中具有巨大的潜力。通过建立特色馆藏、举办文化活动、培训和教育、数字化保护及国际交流与合作，图书馆不仅可以有效地保护和传承本土文化，还可以提高公众的文化素养和文化认同感。其他地区和国家可以借鉴杭州图书馆的经验，充分发挥图书馆在本土文化保护和传承中的关键作用。同时，随着技术的不断进步和社会需求的变化，图书馆在保护和传承本土文化方面也将面临新的挑战。因此，图书馆需要持续关注和深入研究这一领域的发展动态，以更好地满足社会的需求。

根据上述内容，图书馆在本土文化的保护和传承中扮演着至关重要的角色。通过收集整理文化资源、推动文化教育及作为社区活动的中心，图书馆为保护和传承本土文化作出了积极的贡献。在未来的工作中，图书馆应更加深入探索和实施促进本土文化保护和传承的有效路径，以进一步强化其在本土文化保护和传承中的角色和作用。

第八章　智能服务中法律与伦理问题的探讨

在人类社会，法律和伦理是两个至关重要的组成部分。法律提供了一种框架，使社会得以有序运行，而伦理提供了人类行为的基本道德准则。准确来说，法律是社会伦理的反映，伦理为法律提供指引。法律通常是社会伦理和道德观念的反映。例如，许多国家的宪法都规定了人权法案，这体现了对人类尊严和自由的普遍尊重。这些法律不仅为公民提供了保护，也为社会设定了道德标准。尽管法律是社会秩序的基础，但伦理观念在很多方面都为法律提供了指引。对于某些形式的犯罪行为，如谋杀、盗窃等，虽然法律已经设定了相应的惩罚，但社会普遍的伦理观念对这些行为的谴责，同样也为执法者提供了额外的指引。

在某些情况下，法律与伦理可能会出现冲突，主要体现在价值观念方面。这种冲突可能源于不同的文化背景、社会制度、宗教信仰等方面的差异，也可能源于法律条款和伦理规范之间的矛盾。在价值观方面，法律和伦理的冲突可能表现为对某些行为的评价和处理上的分歧。例如，对于涉及个人隐私的行为，法律可能认为这是个人自由的选择，而伦理可能认为这是对他人权益的侵犯。这种法律与伦理的冲突不仅会对社会产生负面影响，也可能对个人的价值观和道德观念产生深刻的影响。因此，需要通过深入探讨和研究，寻找妥善解决这种冲突的方法和途径。这需要法律界、伦理学界、社会学界等领域的专家学者共同合作，以寻求最合适的解决方案。解决法律与伦理冲突的关键在于寻找一个平衡点，这可能需要通过立法程序、司法审查、公众辩论等方式进行。同时，人们需要认识到，不存在一种绝对的解决方案，最终的决定需要考虑各种因素，包括社会、文化、道德和法律等各方面。具体而言，法律和伦理是相互影响、相互塑造的关系。二者之间的和谐共生，是建设公正、公平、有爱的社会的重要基础。在处理实际问题时，需要同时考虑法律的公正性和伦理的道德要求，寻求最佳的解决方案。

第一节　智能服务中的法律问题

随着科技的进步，图书馆的服务也在逐步智能化。这种智能化服务不仅提高了图书馆的工作效率，也给读者带来了更便捷的阅读体验。然而，智能化服务也随之带来了一些法律问题。图书馆智能服务是指利用信息技术和人工智能等手段，对图书馆的资源、服务和管理等进行智能化改造，以提升图书馆的运营效率和服务质量的一种模式。这种服务的特点主要包括数据化、自动化、远程化等。比如图书馆通过收集和分析读者的阅读行为和习惯，为读者提供个性化的阅读服务；通过自动化设备，提高图书馆的借阅、归还等业务流程的效率；通过互联网和移动设备，为读者提供便捷的远程阅读服务等。

图书馆智能服务中的法律问题也很重要，主要体现在隐私保护、数据安全、知识产权问题以及服务质量保障等方面。在隐私保护中，图书馆在收集和分析读者的阅读行为和习惯时，如何保障读者的隐私权是值得思考的问题。在数字化时代，图书馆的运营模式已经发生了巨大的变化。尤其是在收集和分析读者阅读行为和习惯的过程中，图书馆面临着前所未有的挑战。在保障读者隐私权的前提下，如何有效地收集和分析读者的阅读行为和习惯，成为图书馆亟待解决的问题。首先，图书馆应该明确收集读者信息的目的和范围。图书馆收集读者信息的目的应该是为了提高服务质量，满足读者的阅读需求，而非用于商业或者其他不当的目的。同时，图书馆应该只收集与读者阅读行为和习惯相关的信息，如借阅历史、搜索记录等，而不是收集读者的个人身份信息或其他敏感信息。其次，图书馆应该采取适当的保密措施。对于收集的读者信息，图书馆应该运用技术和管理措施，确保信息的保密性和安全性。例如，图书馆可以通过加密技术保护读者信息，避免信息被非法获取或泄露。同时，图书馆应该建立完善的信息管理制度，严格规范员工对读者信息的访问和使用，防止员工滥用或泄露信息。最后，图书馆应该尊重读者的隐私权并告知读者。图书馆在收集和分析读者信息时，应该尊重读者的隐私权，并告知读者相关信息。例如，图书馆可以在收集读者信息前，向读者明确告知收集的目的、范围和使用方式，并征得读者的同意。同时，图书馆可以通过各种方式向读者普及隐私保护的知识和技巧，增强读者的隐私保护意识。在收集和分析读者阅读行为和习惯的过程中，图书馆应该明确收集的目的和范围、采取适当的保密措施、尊重读者的隐私权并告知读者。只有这样，才能既保障读者的隐私权，又提高图书馆的服务质量。

在数据安全方面，图书馆需要思考，如何确保收集的数据不被泄露或非法使用。数字化的时代，数据安全成了各个领域关注的焦点，图书馆也不例外。对图书馆而言，数据安全及诸多方面，其中最为关键的一点就是如何确保所收集的数据不被泄露或非法使用。为了解决这一难题，图书馆需要深入思考并采取有效的措施。首先，图书馆应该增强对数据的保护意识，让所有员工都认识到数据的重要性，并对其进行定期培训，以增强人员对数据安全的重视程度。其次，图书馆应该制定严格的数据管理制度，明确数据的收集、存储、使用和销毁等各个环节的具体规范和流程，确保数据的处理过程有章可循、有据可查。此外，图书馆应该采用先进的技术手段来保障数据安全。例如，使用加密技术对数据进行加密处理，防止数据被非法获取；采用访问控制技术，限制对数据的访问权限，避免数据被不当使用；运用审计技术，对数据的操作进行实时监控和记录，以便及时发现并应对潜在的安全威胁。图书馆在收集数据时，应该遵循合法、公正、透明的原则，确保所收集的数据仅用于合法目的，并且不会侵犯用户的隐私权和其他合法权益。同时，图书馆应该加强与其他机构的合作，共同应对数据安全挑战。例如，与高校计算机科学系、网络安全公司等建立合作，共同研发更高效、更可靠的数据保护技术和方案。

除此之外，图书馆还需要建立健全数据安全管理制度，明确数据的收集、存储、使用、加工和销毁等全生命周期的各个环节的安全保障措施。这包括制定严格的数据访问权限控制策略，对数据进行分类分级，明确不同级别数据的访问权限和审批流程。同时，图书馆应该建立数据备份和恢复机制，确保数据在遭受攻击或意外丢失后能够及时恢复。加强数据的安全技术防护也很重要，包括建立完善的数据加密机制，确保数据在传输和存储过程中不被窃取或篡改。同时，图书馆还应该加强网络安全防护，防范网络攻击和病毒入侵等安全风险。此外，图书馆可以采用数据脱敏技术，对敏感数据进行脱敏处理，确保数据在使用过程中不会被泄露。再次，图书馆应该加强对员工的数据安全意识培训和教育。员工是数据安全的最后一道防线，因此图书馆应该定期开展数据安全培训和演练，提高员工对数据安全的重视程度和应对能力。同时，图书馆应该建立完善的数据安全事件应急响应机制，及时处理和应对各类数据安全事件。最后，图书馆应该积极开展与相关合作伙伴的合作和交流，共同推动数据安全技术的发展和应用。图书馆可以与专业的数据安全机构、网络安全公司等开展合作，引入先进的数据安全技术和解决方案，提高自身的数据安全保障水平。同时，图书馆可以参与相关行业组织、协会等开展的数据安全研究和探讨活动，共同推动行业数据安全水平的提升。图书馆在数据安全方面面临诸多挑战，但只要采取有效的措施来保障数据的安全，就可以确保所收集的数据不被泄露或非法使用。

在知识产权方面，图书馆需要分析在利用人工智能等技术进行文献分析和推荐时，如何有效规避侵犯他人的知识产权。这包括对涉及的文献、数据和算法进行详细的知识产权评估，以确保在使用过程中不侵犯他人的权益。首先，图书馆需要对涉及的文献和数据进行详细的审查和分析，以确保不包含任何侵犯他人知识产权的内容。这包括对引用的文献、使用的数据和图表等进行追溯和查证，以确保其来源合法、使用合规。其次，图书馆需要评估所使用的算法是否涉及侵犯他人知识产权的问题。这包括对所使用的算法进行详细的知识产权审查，以确保不侵犯他人的专利权、著作权等。同时，图书馆需要了解并遵守相关的知识产权法律法规，以确保在使用过程中不违反任何法律规定。此外，图书馆需要建立完善的知识产权管理制度和制定相关技术措施，以避免在使用过程中发生知识产权侵权行为。这包括对涉及的知识产权问题进行定期审查和更新，以确保图书馆所使用的文献、数据和算法等不侵犯他人的知识产权。同时，图书馆需要加强与相关领域的专家合作，共同探讨有效的解决方案，以确保图书馆在使用人工智能等技术进行文献分析和推荐时，能够切实保护他人的知识产权不受侵犯。

在服务质量保障方面，图书馆需要研究如何保证智能化服务的准确性和公正性，并有效避免出现信息误导或歧视。为此，图书馆需要采取一系列措施，包括但不限于以下几个方面。图书馆应该建立一套完善的信息质量评估机制，对所提供的信息进行严格的审核和筛选，以确保信息的准确性和公正性。同时，图书馆应该采用自动化工具或人工审核等方式，对信息进行去重、纠错、筛选等处理，以避免信息误导或歧视。图书馆应该加强对信息来源的管理，确保所提供的信息来源可靠、权威、公正。同时，图书馆应该对信息进行分类和标注，以便用户进行检索和筛选，避免用户在使用过程中受到信息误导或歧视。图书馆应该加强对用户的教育和引导，提高用户的检索能力和信息素养，以避免用户在使用过程中受到信息误导或歧视。同时，图书馆应该定期开展用户满意度调查，收集用户反馈和建议，以便持续改进和优化服务质量。图书馆应该建立一套监督机制，对智能化服务的过程和结果进行监督和审核，以确保服务的准确性和公正性。同时，图书馆应该对用户的反馈和建议进行及时响应和处理，以避免出现信息误导或歧视。只有这样，才能更好地保障图书馆智能化服务的质量，为用户提供更加优质、高效、公正的服务。

图书馆智能服务是未来图书馆发展的必然趋势，通过利用先进的人工智能技术，为读者提供更加便捷、高效、个性化的服务。但是，在实践中，图书馆必须注意这种服务方式可能带来的法律问题，如隐私泄露、知识产权保护等。为了解决这些问题，图书馆需要采取相应的措施，如加强数据保护、建立健全知识产权保护机制等。只有这样，才能更好地享受智能化服务带来的便利，同时保障用户的合法权益。

一、隐私法规与智能服务

隐私法规与智能服务之间存在密切的关系，智能服务是人工智能技术应用于服务领域的一种表现，能够通过智能算法对用户的需求进行分析和预测，从而提供个性化服务。然而，智能服务，涉及大量的个人信息和隐私数据的收集、处理和使用，这可能导致隐私泄露。为了确保智能服务的健康发展，同时保护用户的个人隐私，需要制定相应的法律法规来进行规范。隐私法规可以规定智能服务收集、使用和保护个人信息的行为规范，保障用户的个人隐私不受侵犯。具体来说，隐私法规可以包括以下方面的规定。一是在个人信息收集和使用方面，规定智能服务在收集和使用个人信息时必须遵循的规范，如告知用户收集的目的、方式、范围等，并要求用户同意。二是隐私保护方面，要求智能服务采取必要的技术和管理措施，保障用户个人隐私安全，防止个人信息被泄露、篡改或滥用。三是数据共享和转让方面，规定智能服务在共享和转让个人信息时必须遵循的规范，如第三方必须经过用户同意才能获取和使用个人信息。四是监督和处罚方面，需要建立监督机制，对违反隐私法规的智能服务进行处罚，保障用户的个人隐私权益。隐私法规是保障智能服务健康发展的重要法律基础，能够规范智能服务的行为，保障用户的个人隐私权益，促进智能服务的创新和发展。

隐私法规的重要性体现在诸多方面，如保护个人权利、防范安全风险、促进经济发展等。隐私是每个人的基本权利，包括私密空间、私密活动和私密信息等。隐私法规的制定是为了保护这些权利，确保个人隐私不被非法收集、使用、泄露或侵犯。一旦发生隐私泄露，可能导致身份盗用、金融欺诈、网络攻击等安全风险。隐私法规的严格执行可以有效地防范这些风险，保障个人和组织的安全。隐私法规对于数字经济可持续发展的重要性不可忽视，只有确保个人信息不被滥用，才能让人们对数字服务产生信任，从而促进数字经济的发展。当然，智能服务的发展也离不开隐私法规的规范和保障。智能服务需要收集和处理大量的个人信息，如用户的身份信息、位置信息、搜索历史等。这些信息如果被非法使用或泄露，将对用户造成严重的隐私侵犯和安全风险。因此，隐私法规对于智能服务的健康发展至关重要。智能服务提供商也需要遵守隐私法规，以确保其提供的服务符合法律规定，不会侵犯用户的隐私权。例如，智能语音助手在收集和处理用户的语音信息时，必须遵守相关的隐私法规，确保用户的隐私得到充分保护。因此，隐私法规是保护个人权利、防范安全风险、促进经济发展的重要法律工具。同时，智能服务的发展必须严格遵守隐私法规，以确保其服务符合法律规定，不会侵犯用户的隐私权。

图书馆在规范隐私法规与智能服务方面，可以采取以下措施。首先，完善隐私法规。图书馆应制定完善的隐私政策，并与读者签署保密协议，明确告知读者其隐私权利和保护个人隐私信息的重要性。同时，图书馆应遵守相关法律法规，确保读者隐私信息的安全性和保密性。其次要加强信息安全管理。图书馆应建立专门的信息安全管理机构，确保图书馆内部信息安全，并采取必要的技术手段，如数据加密、访问控制、反黑客攻击等，以减少数据泄露的可能性。通过建立智能化阅读推荐系统，分析读者的阅读喜好和历史行为，图书馆可以开发智能化阅读推荐系统，为读者提供个性化的阅读推荐服务。同时，图书馆应确保该系统的安全性和可靠性，避免因系统故障或恶意攻击导致读者隐私信息泄露。另外，要加强读者隐私信息的教育和宣传工作。图书馆可以通过展示板、宣传册、网站公告等形式，向读者介绍图书馆的隐私信息保护措施和相关政策法规，提高读者的隐私保护意识和能力。最后，图书馆要建立完善的审核制度和责任机制。通过建立完善的审核制度和责任机制，明确相关人员的职责和权限，确保隐私信息的合法使用和保密。同时，对于违反隐私保护规定的行为，图书馆应依法追究相关责任人的责任。图书馆在规范隐私法规与智能服务方面，应采取一系列措施，确保读者隐私信息的安全性和保密性，并持续提高服务质量和效率，以满足读者的需求和期望。

图书馆作为一个公共场所，需要遵守相关的隐私法规，以确保用户的个人信息得到保护。例如，图书馆需要遵守《中华人民共和国个人信息保护法》等法律法规，确保用户的信息安全和隐私不受侵犯。以某市图书馆为例，该图书馆曾因为违反《中华人民共和国个人信息保护法》被罚款 5 万元，原因是该图书馆在收集用户信息时没有得到用户的明确同意，也没有告知用户相关的收集和使用信息的目的和范围，导致用户的个人信息被泄露。这个案例说明了图书馆需要严格遵守相关的隐私法规，以保护用户的隐私。除此之外，图书馆为了提高服务质量，还会采用一些智能服务。例如，一些图书馆会采用智能化的借阅系统，通过人脸识别等技术来识别用户身份，方便用户借阅图书。同时，一些图书馆还会提供智能化的咨询服务，通过人工智能等技术来回答用户的问题。以某省图书馆为例，该图书馆采用了智能化借阅系统，用户可以通过人脸识别等技术快速借阅图书。同时，该图书馆提供了智能化的咨询服务，通过人工智能等技术来回答用户的问题。这些智能服务提高了图书馆的服务质量和效率，同时有效保护了用户的隐私。在应用过程中，图书馆需要严格遵守相关的隐私法规，同时采用智能服务提高服务质量。通过遵守隐私法规和提供智能服务，图书馆可以更好地保护用户的隐私权和提高服务质量。

二、知识产权保护

知识产权保护是指在法律范围内，对创造性成果或服务所产生的财产权利的保护。知识产权主要包括专利、商标、著作权、工业设计等。其中，专利是指对于一项新发明或者实用型技术所授予的一种独立的财产权利；商标是指对商业标志的保护；著作权是对于文学、艺术、音乐等创作作品的保护。知识产权保护的重要性体现在多个方面。首先，知识产权的保护能够促进创新和经济发展，吸引投资，增加就业机会，促进贸易和技术转移。同时，知识产权的保护有助于维护公平竞争和市场秩序，防止不正当竞争和恶意侵权。在现代社会，知识产权已经成为国家和企业竞争的重要工具和战略资源。维护知识产权的合法性是保护创作人合法权益、促进技术和文化发展的必要条件。

图书馆进行知识产权保护，具有不可割舍的重要作用。首先，知识产权保护能够有效地保障图书馆技术创新和信息资源开发的成果，避免发生侵权行为，激励图书馆在信息服务方面的创新和提升。这意味着，通过知识产权保护，图书馆可以确保其创新成果受到法律保护，从而获得应有的收益和认可。其次，健全的知识产权保护制度能够提升图书馆的信息服务质量，激发图书馆员工和读者的创新精神，促进图书馆事业的发展。这表明，知识产权保护不仅是对图书馆创新成果的保护，也是图书馆信息服务水平提升的重要推动力。此外，知识产权保护能够推动文化的传承与创新，确保图书馆在传承文化、推动知识传播方面的作用得到充分发挥。这意味着，通过知识产权保护，图书馆可以确保其在文化传承和创新方面的努力，都能够得到充分的支持和认可。与此同时，国家立法机关和司法机构应对公共图书馆代表的社会公共利益增加关注，在涉及公共图书馆知识产权纠纷的案件中做到法律、政治和社会影响的三者统一，为公共图书馆履行职责、充分发挥其社会作用提供法律保障和支撑。这表明，知识产权保护是公共图书馆履行其社会职责、发挥其社会作用的重要保障。因此，图书馆知识产权保护的重要性十分明显，包括保障创新成果、提高信息服务水平、促进文化传承与创新及确保图书馆履行职责和发挥社会作用等。为了加强图书馆知识产权保护，需要不断完善相关法律法规和制度建设，提升图书馆员工和读者的知识产权意识，以及加强与相关部门的合作和协调。

对现代图书馆来说，在进行知识产权保护时，可采取以下措施和方法。首先，图书馆需要制定并实施知识产权保护政策，明确知识产权保护的范围、对象、原则和责任，以及处理知识产权纠纷的机制和流程。图书馆作为知识资源的集散地，对于知识产权的保护显得尤为重要。为了确保知识产权得到充分保护，图书馆需要制定并实施一项明确的知识产权保护政策。这项政策需要明确知识产权保护的范围和对象，包括但不限于图书馆所涉及的各类文献、信息资源及相关技术手段。同时，政策的制定需清晰界定知识产权保护的原则，例如尊重原创、反对盗版、维护各方合法权益等。在制定知识产权保护政策的过程中，图书馆需要明确自身的责任，例如对知识产权纠纷的防范和处理。此外，图书馆需建立一套处理知识产权纠纷的机制，以便在出现纠纷时迅速响应并妥善处理。机制应包括设立专门的知识产权管理机构、配备专业管理人员及制定详细的处理流程等。图书馆在制定知识产权保护政策时，需要充分考虑各方利益，尤其是原创者的权益。因此，政策的制定需要建立在充分调研和论证的基础上，确保政策的合理性和可行性。同时，图书馆需要加强与合作伙伴、政府部门等相关方的沟通与协作，共同推动知识产权保护工作的落实。制定并实施知识产权保护政策，是为了保障知识产权的合法权益，同时也是为了推动知识创新和图书馆事业的健康发展。通过明确政策范围、对象、原则和责任，以及建立健全的处理机制和流程，图书馆能够更好地应对知识产权纠纷，有效维护各方合法权益，为读者提供更高质量的服务。

其次，要加强教育培训，图书馆可以组织员工参加专业的知识产权培训课程，以增强员工的知识产权意识，提高技能水平。通过培训，员工可以更深入地了解知识产权法规，明确自身的责任和义务，从而更好地为读者服务。同时有助于图书馆更好地保护自身的知识产权，提高管理效率和服务质量。图书馆在开展相关活动的过程中，应当合理使用并避免侵权。比如在采购、数字化、复制、发行等环节，图书馆应尊重版权，合理使用作品，避免侵权行为的发生。对于已经进入公有领域的作品，根据内容建设和读者需求，可以开展数字化加工及内容深度开发。这样不仅有利于保护作者的权益，也有助于图书馆更好地满足读者的需求。尤其是在采购环节，图书馆应当与版权方进行充分沟通和协商，确保获得合法的授权。在数字化环节，图书馆应当采用先进的数字化技术，确保不损害原作品的完整性。在复制和发行环节，图书馆应当制定合理的复制和发行策略，确保不侵犯版权方的权益。此外，图书馆应当建立完善的版权管理制度，加强内部管理，防止侵权行为的发生。与此同时，对于已经进入公有领域的作品，图书馆可以开展数字化加工和内容深度开发，但应当严格遵守相关的法律法规和规定，确保不侵犯他人的合法权益。

再次，建立专门机构也很关键。图书馆应当设立专门的知识产权管理部门，或安排专职人员负责处理与知识产权相关的各种事务。这些事务非常广泛，包括但不限于版权登记、合同审查、侵权处理等。为了确保图书馆在知识产权方面得到全面的管理，这一部门或人员还应具备相应的法律知识和技能，以便在处理各种问题时准确地依据相关法律法规作出决策。此外，需要了解知识产权保护的重要性，以及如何通过合理的方式维护图书馆的合法权益。该部门或专职人员的具体职责包括版权登记、合同审查、侵权处理、法律咨询、培训与宣传等，具体来说，对图书馆所购买的图书、电子资源等进行版权登记，以确保在发生侵权行为时及时查明权利人并进行赔偿；在与合作伙伴、供应商等签订合同时，对合同中涉及知识产权的内容进行审查，以确保合同条款的合法性和公平性；在发现侵权行为时，负责收集证据、与权利人进行协商、达成和解或提起诉讼等；为图书馆管理层提供有关知识产权方面的法律建议和咨询，确保图书馆在运营过程中不违反相关法律法规；对图书馆员工进行知识产权方面的培训，增强全馆人员的知识产权保护意识。同时，通过各种渠道宣传知识产权保护的重要性，促进社会公众对知识产权的重视和尊重。以上措施可以确保图书馆在知识产权方面得到全面的管理和保护。这不仅有助于维护图书馆的合法权益，还能有效促进社会公众对知识产权的重视和尊重。

图书馆可以运用技术手段，如采用数字水印、数字版权管理系统等技术手段，对数字化资源进行加密保护，确保资源的安全性和可追溯性。数字化时代也需要不断与时俱进，图书馆可以利用先进的技术手段，保护数字化资源的安全性。其中，数字水印和数字版权管理系统是两种非常有效的技术手段，可以用于对数字化资源的加密保护。数字水印是一种通过在数字资源中嵌入隐藏信息，以便在需要时进行身份验证和版权保护的技术。这些水印可以是文字、图像或音频信号，通常以难以察觉的形式存在于数字资源中。通过数字水印技术，图书馆可以确保数字化资源的真实性和完整性，防止未经授权的数字化资源被复制和传播。数字版权管理系统是一种用于管理和保护数字版权的技术工具。这种系统可以对数字化资源进行加密和权限管理，确保只有经过授权的用户才能访问和使用这些资源。通过数字版权管理系统，图书馆可以实现对数字化资源的精细控制，确保资源的安全性和可追溯性。在图书馆中运用数字水印和数字版权管理系统等技术手段，既可以保护数字化资源的安全性和可追溯性，又可以提高图书馆的智能化水平，为读者提供更加便捷和高效的数字化服务。

建立举报机制也是图书馆的一项重要举措。图书馆需要鼓励读者举报涉及知识产权的违法行为，对举报的情况及时处理和回应。为此，图书馆需要积极鼓励读者举报涉及知识产权的违法行为，包括盗版书籍、未经授权的下载等。通过建立这一机制，图书馆能够更好地保护知识产权，维护良好的阅读环境，并且增强读者的法律意识。举报机制的实施，需要图书馆对读者提供的举报信息进行及时处理和回应。图书馆应该设立专门的举报渠道，方便读者进行举报，并且对每一项举报进行调查和处理。在处理举报时，图书馆应遵循相关法律法规和政策，对涉及知识产权违法行为的证据进行收集和核实，并及时采取措施予以制止和惩处。通过建立有效的举报机制，图书馆不仅能够维护知识产权，还能够与读者之间相互监督，形成良好的阅读风气。同时，对于涉及知识产权违法行为的举报，图书馆会及时回应并采取措施进行处理，能够进一步增强读者对图书馆的信任和支持。因此，建立举报机制是图书馆为维护知识产权和规范读者行为所采取的一项必要措施。通过及时处理和回应读者举报，图书馆能够更好地保护知识产权，维护良好的阅读环境，并且增强读者的法律意识。

第二节 伦理问题的应对策略

图书馆在面对伦理问题时，首先，应制定明确的伦理准则，以规范员工和用户的行为。这些准则应该具有具体的道德规范和行为准则，以确保员工和用户都明确自己的责任和义务。这些准则可以包括保护用户隐私、尊重知识产权、遵守公平交易原则等，以确保图书馆的运营符合社会道德和法律规定。通过制定明确的伦理准则，图书馆可以树立自己的形象，提高用户满意度。其次，要提供相关的伦理培训和教育，提高员工和用户的伦理意识和责任感。培训内容可以包括伦理理论、实践案例分析、道德决策等。通过提供全面且深入的伦理培训和教育，确保员工和用户具备高度的伦理意识和责任感。这种培训和教育可以包括各种形式，如在线课程、研讨会、讲座等，以确保员工和用户都接受了适当的伦理培训。培训内容方面包括基本的伦理理论，如道德原则、权利、义务等，以及实践案例分析，让员工和用户了解如何在实际情况中应用这些理论。此外包括道德决策方面的内容，如如何评估决策的道德性、如何处理道德困境等。图书馆还需要建立监督和评估机制，对员工的道德行为进行监督和评估，同时应对用户的行为进行监督和评估。对于任何违反伦理准则的行为，图书馆都应及时采取果断措施进行处理，确保此类行为得到有效遏制，避免对图书馆的声誉和形象造成不良影响。在监督和评估过程中，图书馆应注重保护用户的隐私权和员工的个人信息安全，确保相关信息不被泄露或滥用。同时，图书馆应积极开展道德教育，加强员工和用户的道德意识和责任感，提高人员的伦理素质和道德水平。图书馆还应通过各种方式，向用户宣传伦理问题的重要性，引导用户遵守道德规范和行为准则，可以采取宣传海报、讲座、展览等形式进行宣传。此外，图书馆可以通过社交媒体、网站、博客等渠道，向用户传递伦理问题的相关信息，并鼓励用户发表自己的看法和意见。同时，图书馆可以邀请伦理学专家、学者或社会名人，开展相关的讲座、研讨会或论坛，让用户更深入地了解伦理问题的重要性，并从不同角度探讨如何解决这些问题。还可以定期组织读书会、阅读分享会等活动，引导用户阅读有关伦理问题的书籍、文章或相关文献。通过阅读和分享，用户可以更全面地了解伦理问题，提高自身的道德素养和行为意识。也可以建立伦理问题咨询平台，为用户提供相关的咨询和帮助。例如，当用户遇到伦理困惑或需要解决伦理问题时，进而可以通过图书馆的咨询平台寻求帮助和建议。这不仅可以提高用户的道德素养和行为意识，还可以促进图书馆与用户之间的互动和交流。

在图书馆运营过程中，一旦出现伦理问题，图书馆应立即采取行动，以积极应对并解决这些问题。为了维护图书馆的良好形象和信誉，图书馆应采取一系列措施来处理伦理问题。首先，图书馆应对外公开道歉，承认错误，并对受影响的人群表示诚挚的歉意。道歉有助于缓解公众情绪，维护图书馆与读者之间的关系。其次，图书馆应考虑赔偿受影响读者的损失或提供其他形式的补偿。赔偿可以是物质上的，也可以是提供其他形式的服务或资源，以弥补因伦理问题给读者带来的不便和损失。此外，图书馆应及时采取措施纠正错误，防止类似问题再次发生。这可能包括修改政策、加强员工培训、完善监督机制等。图书馆应通过积极的改进措施，向读者展示其对伦理问题的重视和决心，从而树立良好的形象和信誉。通过采取适当的措施，图书馆可以恢复与读者的信任关系，并为未来的发展奠定坚实的基础。最终，通过提高员工和用户的伦理意识和责任感，进一步维护图书馆的形象和信誉。

一、智能服务伦理的核心问题

图书馆智能服务伦理的核心问题主要体现在尊重用户隐私权、保障公平获取信息、保障信息安全、尊重知识产权、尊重用户权利、促进社会参与、积极回应社会关切等方面。具体来说，图书馆智能服务会收集用户的行为和偏好等数据，从而为用户提供更个性化的服务。但这些数据必须严格保密，并只能用于提供服务和改进服务质量的目的。图书馆智能服务应确保所有用户都能公平地获取信息，不论其社会地位、种族、性别、年龄或其他因素；必须采取严格的安全措施，防止用户信息被泄露或不当使用；图书馆智能服务在提供内容时，必须尊重版权和知识产权，仅在合法授权的情况下，提供和使用受版权保护的内容；不断提升服务质量，包括提供更准确、更及时、更全面的信息，以满足用户的需求；尊重用户的权利，包括但不限于知情权、表达权、监督权等；通过建立公正的评价机制，客观地评估服务质量，并据此调整和改进服务；采取措施保障用户信息安全，防止用户信息被滥用或泄露；鼓励社会各界参与，共同推动图书馆事业的发展；及时回应社会对图书馆智能服务的关切和质疑，积极改进和完善服务。

二、伦理指南的制定与实践

图书馆伦理指南的制定与实践是一个极为复杂的过程，需要考虑多个因素。在制定图书馆伦理指南之前，需要明确伦理目标。这包括确定图书馆的使命、价值观和原则，以确保图书馆的行动与这些目标保持一致。为此，需要对图书馆的使命、价值观和原则进行深入的分析和探讨。为了实现这一目标，需要明确图书馆的定位和责任，以及在提供服务时应该遵循的道德准则。这样，图书馆才能真正发挥其应有的作用，成为推动社会进步和发展的重要力量。建立专门的伦理机构是制定和实践图书馆伦理指南的关键，这个机构可以负责监督和审查图书馆的行动，确保相关活动符合道德标准。这个机构需要由专业的伦理学家和图书馆专家组成，以确保其具备足够的专业知识和能力。同时，这个机构需要有足够的权力和独立性，以便有效监督和审查图书馆的行动，并确保其符合道德标准。只有这样，才能够保障图书馆的服务质量和信誉，确保图书馆活动在实践中遵循正确的伦理准则。

根据图书馆的使命、价值观和原则制定具体的伦理规范。这些规范应该涵盖图书馆的所有活动，包括资源采购、读者服务、员工管理等。在资源采购方面，图书馆应该坚持公平、公正、透明的原则，采购高质量的文献资源，满足读者的需求。在读者服务方面，图书馆应该尊重读者的权利和尊严，提供优质的服务，切实保障读者的隐私权和知识产权。在员工管理方面，图书馆应该注重员工的职业发展和福利待遇，建立良好的工作环境和企业文化，激发员工的工作热情和创造力。通过制定具体的伦理规范，图书馆可以更好地履行其使命，展现其价值观，为读者和社会作出更大的贡献。

员工是图书馆实践伦理指南的关键，这一点至关重要。为了确保图书馆的各项工作符合伦理规范，图书馆管理层需要注重员工培训，特别是关于道德和伦理方面的培训。通过加强员工培训，提高人员的道德意识和伦理素养，图书馆能够确保员工具备正确的价值观和道德观念，从而在工作中遵循伦理规范，为读者提供优质的服务。加强员工培训可以包括定期举办道德和伦理方面的讲座、研讨会和开设培训课程，邀请行业专家和学者进行授课，以帮助员工深入了解伦理规范和相关法律法规。此外，图书馆可以组织内部培训和分享会，让员工之间相互交流和学习，分享他们在工作中遇到的伦理问题以及解决方法。通过这些培训措施，图书馆能够提高员工的道德素质和伦理素养，员工也能更加了解和遵守伦理规范。这不仅能够提升图书馆的整体形象，为读者提供更好的服务，还能够增强员工的责任感和使命感，让员工更加专注于自己的工作。通过提供培训和提高员工的道德素质和伦理素养，图书馆能够更好地为读者服务，并树立良好的行业形象。

建立有效的监督机制是践行图书馆伦理指南的重要环节，这不仅是对图书馆行为的规范，也是对读者权益的保障。内部监督机制可以通过内部审计和定期审查等方式进行，以确保图书馆内部的规范和行为准则得到遵守和执行。同时，外部监督机制可以通过公开透明的方式接受社会监督，这有助于提高图书馆的公信力和形象。在内部监督方面，图书馆可以通过内部审计等方式进行监督。内部审计可以定期对图书馆的财务、管理、服务等方面进行审查，以确保图书馆的运营符合伦理指南的要求。此外，定期审查可以及时发现和纠正图书馆内部存在的问题，防止问题的积累和扩大化。在外部监督方面，图书馆可以通过公开透明的方式接受社会监督。例如，图书馆可以定期公布财务报告和服务质量报告等，让读者和社会公众了解图书馆的运营情况和服务质量。此外，图书馆可以建立投诉和建议反馈机制，让读者和社会公众及时反映问题并提出建议，从而促进图书馆的改进和发展。

在实践中，图书馆可能面临一些复杂的伦理问题，如隐私权、知识产权、信息安全等。这些问题不仅会影响图书馆的正常运营，还可能对读者的权益造成损害。因此，对图书馆来说，及时处理这些问题并确保其行动符合伦理规范至关重要。为了解决这些伦理问题，图书馆需要建立完善的伦理规范和政策，明确规定图书馆的职责和义务，并加强对员工的培训和教育。此外，图书馆需要与读者和合作伙伴建立良好的关系，加强沟通和合作，共同维护读者的权益和图书馆的形象。在处理伦理问题时，图书馆需要保持中立和公正的态度，尊重各方权益，并采取适当的措施解决问题。同时，图书馆需要积极开展公共关系活动，加强宣传和推广，提高公众对图书馆的认知度和信任度。通过及时处理伦理问题，确保其行动符合伦理规范，并加强与各方的沟通和合作，共同维护读者的权益和图书馆的形象，图书馆才能在实践中发挥其应有的作用。

实践图书馆伦理指南是一个持续完美、与时俱进的过程。在这个过程中，图书馆需要不断地审查和更新这些指南，以确保其适应时代的变化和图书馆的发展。随着社会的进步和技术的更新，图书馆的角色和功能也在不断变化。通过不断地更新图书馆伦理指南，以反映这些变化和发展。与此同时，要定期审查图书馆伦理指南的适用性和有效性。这些指南是为图书馆员工和用户提供指导和支持的重要工具，需要确保它们满足图书馆员工和用户的需求，并且符合当前的最佳实践和标准。此外，需要根据图书馆的发展情况，及时更新图书馆伦理指南。随着图书馆的发展，其所面临的伦理问题也在不断变化。因此，需要更新图书馆伦理指南，反映这些新的伦理问题并为其提供指导。

第三节　法规合规与图书馆的责任

在当前的法律环境下，图书馆作为公共文化服务机构，肩负着满足公众信息获取和教育的使命。图书馆的运营和管理需要遵循相关的法律法规，也需要履行其在信息传播和文化服务方面的责任。法规合规是指图书馆在运营和管理中，需要遵守的法律法规和政策要求。这些法规包括《中华人民共和国著作权法》《信息网络传播权保护条例》等，涉及知识产权、信息安全、隐私权等方面。图书馆需要了解并遵守这些法规，规避法律风险。图书馆作为公共文化服务机构，有责任保障公民的信息获取权，为其提供广泛、多元、平等的信息服务；图书馆应积极推进社会教育，提供各种学习资源和课程，满足公众的学习需求；通过提供丰富的文献资源和学术资源，促进知识创新和学术研究；在实施过程中，需要严格遵守个人信息保护的相关法规，保护用户的隐私权；采取有效的信息安全措施，保障网络和信息安全，防止信息被泄露和滥用。

法规合规是图书馆履行其责任的基础，只有遵守相关的法律法规和政策要求，图书馆才能保障公民的信息获取权，推进社会教育，促进知识创新。同时，只有遵守相关法规，图书馆才能保护用户隐私和信息安全，避免法律风险。因此，法规合规与图书馆的责任密不可分。图书馆需要充分了解并遵守相关的法律法规和政策要求，才能更好地履行其在信息传播和文化服务方面的责任。同时，图书馆需要通过不断改进服务，提高公众满意度，以实现其社会价值。在这个过程中，法规合规能起到重要的指导和保障作用。

一、图书馆应对法规变化的策略

在面对法规变化时，图书馆需要采取有效的措施来应对和适应这些变革，以保持图书馆的合法性和正常运营。首先，图书馆应该及时了解新的法规，特别是与图书馆运营相关的法规。图书馆员工可以通过阅读法律文件、参加法律培训或咨询专业人士等途径，获取最新的法律信息；其次，图书馆应该评估新法规对图书馆运营的影响，包括对图书馆的经费、服务、读者权利等方面的影响。评估可以帮助图书馆制定应对策略，并确定需要采取的行动。图书馆可以根据评估结果，制定相应的应对策略。例如，如果新法规限制了图书馆的经费，图书馆可以采取节约成本的措施，如减少纸质书籍的采购、优化员工结构等。再者，图书馆可以与政府部门、社区组织等相关部门合作，共同应对法规变化。例如，图书馆可以与政府部门合作，争取更多的经费支持；与社区组织合作，开展法律宣传和教育活动。另外，图书馆应该根据新法规的要求，及时更新图书馆的制度和规定。例如，如果新法规要求图书馆加强读者隐私保护，图书馆应该更新读者隐私保护。图书馆可以通过各种渠道向读者宣传新法规的内容和要求，例如在图书馆网站、宣传单页、读者指南等进行宣传和教育。综上所述，图书馆应对法规变化的策略应该是全面的、系统的、灵活的，需要根据实际情况进行调整和优化。

二、图书馆的社会责任

图书馆的社会责任是指图书馆在面向整个社会、顺应时代和社会的发展过程中应当承担的工作。这包括两方面的含义：一是图书馆自己内部的社会责任；二是图书馆在外部要主动承担起社会各阶层所赋予的社会责任。具体来说，图书馆的社会责任包括但不限于以下几个方面。

一是提供优质的阅读资源。图书馆应该提供丰富多样的阅读资源，这些资源不仅包括传统的纸质书籍，还包括现代的电子书籍及数字化的资源。这些多样化的阅读资源可以满足不同读者的需求，无论读者是爱好传统书籍的读者，还是喜欢电子阅读的读者，或者是需要在线查找资料的读者。通过提供丰富多样的阅读资源，图书馆可以更好地服务于读者，使其在图书馆找到自己需要的书籍或者资料，并享受阅读的乐趣。

二是促进阅读文化的发展。图书馆作为文化的传播者，应该积极推广阅读文化，通过组织各种丰富多彩的阅读活动，让更多的人接触不同类型的书籍，从而培养用户的阅读习惯，提高其阅读能力。为了更好地开展阅读推广工作，图书馆可以与相关合作伙伴共同制定推广计划，利用各种渠道和资源进行宣传和推广，吸引更多的读者参与其中。同时，图书馆可以通过阅读指导、阅读分享会等形式，引导读者深入阅读、理解书籍，提高人们的阅读水平和素养。通过这些措施的实施，图书馆不仅能够满足读者的阅读需求，提高文化素养，还能够为社会的文化发展作出积极的贡献。

三是提供平等的教育机会。图书馆应当致力于提供平等的教育机会，为各个年龄段的人群（年幼的儿童、年长的长者、不同职业背景和社会背景的人）提供学习知识和技能的宝贵机会。这种机会应当是公平公正、没有任何偏见或歧视且基于个人兴趣和能力的，为人们打开知识和技能的大门。图书馆不仅是一个提供书籍和资料的地方，还是一个知识和文化的交流平台，应当为所有想要学习的人提供支持和鼓励，不论人们的背景如何。无论想要深入学习某个领域的专业知识，还是仅仅想要拓宽自己的视野，图书馆都应当满足人们的学习需求。此外，图书馆应当提供各种形式的学习资源，包括书籍、期刊、报纸、电影、音乐等，以及各种学习工具和设备，如电脑、打印机、扫描仪等。这些资源应当根据不同人群的需求进行分类和整理，以便读者查找和使用。

在图书馆里，每个人都可以平等地获取知识和技能，无论社会地位、财富状况、教育背景如何。这不仅是一个公民基本的权利，也是社会进步和发展的重要基石。因此，图书馆应当积极与各类合作伙伴合作，共同推动这一事业的发展。

四是参与社区服务。图书馆作为社区的重要组成部分，应该积极发挥其服务社区的作用，为社区居民提供各种信息咨询服务，包括文献信息检索、科技查新、论文检测等，全方位满足社区居民对信息的需求。同时，图书馆应该为社区居民提供文化交流平台，举办各类文化活动，如讲座、展览、沙龙等，以此促进社区居民之间的文化交流和互动。通过这些服务，图书馆可以发挥其在社区中的作用，推动社区的和谐发展。在提供这些服务时，图书馆需要注重服务质量和服务效率。首先，图书馆需要不断提高服务水平，提高服务人员的专业素养和沟通能力，确保为社区居民提供优质的服务。其次，图书馆需要积极采用先进的技术手段和管理方法，提高服务效率和管理水平，为社区居民提供更加便捷、高效的服务。

五是保护文化遗产。图书馆作为社会公共文化服务体系的重要组成部分，应当积极承担保护文化遗产的责任。为此，图书馆需要广泛收集、整理和保存各类文献资料，包括历史、文化、科学、艺术等各个领域。这些文献资料不仅具有极高的历史和文化价值，还是后人了解和继承前人智慧的重要载体。因此，图书馆应当不遗余力地做好文献资料的保护和管理工作，确保这些宝贵的精神财富得以传承和发扬。

六是倡导环保理念。图书馆作为文化和知识的传播中心，应该积极倡导环保理念，大力推广绿色阅读，以减少资源浪费和保护环境。为实现这一目标，图书馆可以通过多种方式来推动绿色阅读，比如使用环保材料、推广电子书、鼓励读者使用借阅服务而不是购买等。通过这些举措，图书馆不仅可以促进环保意识的普及，还可以提高读者的阅读兴趣和参与度，为建设更加可持续的社会作出贡献。

七是关注弱势群体。图书馆作为社会文化的重要载体，应该积极关注弱势群体，促进社会的公平和和谐。首先，图书馆应该为残疾人提供无障碍设施和专门的服务，如提供盲文书籍、配备聋哑人交流设备等，以确保相关人员获取信息和资源。此外，图书馆可以开展针对残疾人的阅读活动和开设相关培训课程，帮助其提高文化素养和技能水平，增强社会适应能力，促进自我发展。其次，图书馆应该为老年人提供专门的服务和资源。随着人口老龄化的加剧，老年人的阅读需求和文化需求日益增长。图书馆可以设立老年人阅览室，提供适合老年人阅读的材料和设备，还可以开展针对老年人的文化活动和讲座，丰富老年人的精神生活，提升老年人的文化体验。最后，图书馆应该为一些社会弱势群体提供专门的服务和资源。针对面临文化缺失和生活困境等问题的人群，图书馆可以为其提供阅读材料和文化活动，助力其融入城市生活和文化环境，提高文化素养和技能水平。

第九章　结语与展望

第一节　智能服务的总结

随着科技的飞速发展，智能服务已经成为当今社会的一个重要趋势。智能服务改变了人们以往对服务的认知，带来了前所未有的便利和效率。智能服务是指利用人工智能、大数据、云计算等技术，通过感知、学习、推理等能力，实现服务的高效、个性化、智能化的一种新型服务模式。该服务模式依托于强大的算法和计算能力，对海量数据进行处理和分析，从而为消费者提供更加精准、便捷的服务。

近年来，智能服务在国内外均得到了广泛应用。在医疗、教育、金融、零售等领域，智能服务都发挥着重要作用。例如：智能医疗系统可以让医生远程诊断疾病，大大提高了诊断效率和准确性；智能教育平台可以根据学生的学习情况，提供个性化的学习方案；智能金融系统可以根据用户的消费习惯，提供个性化的投资建议和产品；智能零售系统可以根据消费者的购买行为，提供精准的商品推荐。

在图书馆应用中，智能服务也发挥了重要的作用。智能服务在图书馆应用中的作用是不可忽视的，如今智能服务在图书馆中的应用也越来越广泛，为读者提供了更加便捷、高效、个性化的服务。首先，智能服务能够提高图书馆的管理效率。通过智能化管理，图书馆可以实现对图书资源的自动化管理，包括图书的借阅、归还、检索等，从而节省了人工操作的成本和时间，提高了管理效率。同时,智能服务可以通过数据分析和预测,对读者的阅读需求和行为进行分析,为图书馆的资源采购和布局提供更加科学的依据。其次,智能服务能够为读者提供更加个性化的服务。通过智能化推荐系统,图书馆可以根据读者的阅读历史、兴趣爱好等数据,向读者推荐适合的图书资源,提供更加个性化的阅读服务。智能服务还可以通过语音识别、自然语言处理等技术,为读者提供更加便捷的搜索和问答服务,让读者在图书馆中更加高效地获取所需信息。最后,智能服务能够增强图书馆与读者之间的互动性。通过智能化交互平台,图书馆可以和读者进行在线交流和互动,及时了解读者的需求和反馈,为读者提供更加及时、有效的服务。同时,智能服务可以通过评价系统和社交媒体等渠道,收集读者的意见和建议,不断提高图书馆的服务质量和水平。

未来,智能服务会有更多的可能。例如,随着 5G 技术、物联网等技术的发展,智能服务的连接将更加广泛和高效。将来不仅是人与人之间的连接,物与物、人与物之间的连接也将更加紧密,将为智能服务提供更加丰富的数据和更加广阔的应用场景。此外,智能服务的连接可以实现智能交通和智能城市的建设,提高城市管理和公共服务水平。因此,随着技术的发展,智能服务的连接将更加广泛和高效,为人们的生活和工作带来更为便捷和高效的服务体验。同时,也为智能服务产业提供了更为广阔的发展前景和商业机会。

人工智能技术的发展也将为智能服务开拓更多的可能。未来,人工智能将更加深入人们的生活,并成为人们获取服务的重要途径。人工智能的发展将使得智能服务更加智能化、个性化,能够更好地满足人们的需求。

随着区块链技术的发展,智能服务也将更加透明和安全。区块链技术的去中心化特性,将使得服务更加可信和安全,也能够更好地保障用户的隐私和数据安全。

智能服务对社会和经济也产生了深远的影响。首先,将改变劳动力市场的格局。随着智能服务的普及,许多传统的工作将逐渐被自动化取代,这将给劳动力市场带来挑战。同时，智能服务的发展也能带来机遇，将创造新的就业机会，这些新的职业将更加依赖人类的智慧和创新。其次，智能服务将促进经济的发展。通过提高服务的效率和质量，智能服务将为企业带来更多的商业机会和竞争优势。同时，智能服务将推动产业升级和创新发展，促进经济的可持续发展。最后，智能服务的发展将给政府管理带来影响。政府需要制定相应的政策和法规，规范智能服务的发展和应用，保护消费者的权益和隐私。同时，政府需要加强对智能服务的监管和管理，确保其安全和稳定运行。未来，随着技术的不断进步，应用场景的不断扩展，智能服务将有更多的可能。对图书馆而言，需要认真思考和应对这一趋势带来的挑战和机遇，以实现更好的发展。

一、研究成果回顾

图书馆智能服务的研究成果主要包括以下几个方面。首先，对智能化服务的概念、应用领域、发展历程进行系统回顾，以全方位了解智能化服务的现状和历史。其次收集和分析智能化服务的相关数据，了解其发展趋势、市场规模、用户需求等信息，为研究提供定量支持。再次，图书馆邀请智能化服务领域的专家学者进行访谈，获取对智能化服务的见解和建议，增强研究的权威性。最后，在实际环境中，开展智能化服务的实践与研究，通过实验和实证分析，检验智能化服务的可行性和效果。

二、智能服务对图书馆的启示

现如今，智能服务已经深刻影响各个行业和领域。对图书馆来说，智能服务的引入不仅可以提升服务质量，还可以更精准地满足读者的需求。首先是个性化服务的提升。智能服务可以通过数据分析和机器学习等技术，对读者的阅读习惯、兴趣爱好和需求进行深入挖掘，从而为读者提供更加个性化的服务。例如，图书馆可以利用智能系统根据读者的借阅历史、搜索历史等数据，推荐符合读者兴趣的书籍，或者为读者提供定制化的阅读建议。这样的个性化服务可以提高读者的满意度，增强图书馆的吸引力。

其次是服务效率的提高。智能服务可以通过自动化和智能化处理，提高图书馆的服务效率。例如，图书馆可以利用智能系统进行自动化的图书检索、排序和归还等操作，减少人工干预，降低错误率，加快服务速度。此外，智能服务可以提供 24 小时服务，随时随地满足读者的需求。

再次是空间利用的优化。智能服务可以通过空间数据分析，优化图书馆的空间利用。例如，图书馆可以利用智能系统分析读者的阅读区域分布、高峰期和空闲期等数据，合理规划图书馆的布局，提高空间利用率。此外，智能服务可以根据读者的需求变化，灵活调整图书馆的空间布局，全方位满足读者的多样化需求。

最后是读者教育的创新。智能服务可以通过虚拟现实（VR）和增强现实（AR）等技术，创新性地图书馆的读者教育方式。例如，图书馆可以利用 VR 技术为读者提供沉浸式的阅读体验，让读者更加深入地理解和感受书籍的内容。此外，智能服务可以通过 AR 技术为读者提供互动式的阅读体验，增强阅读的趣味性和互动性。

智能服务可以通过互联网和物联网等技术，积极探索图书馆的合作模式。例如，图书馆可以利用物联网技术实现图书的远程管理和控制，与其他图书馆或机构进行合作，实现资源的最大化利用。此外，智能服务可以通过互联网技术建立图书馆之间的联盟或合作组织，共同提供更优质的服务。

随着信息技术的快速发展，图书馆正面临着巨大的挑战。为了提高服务质量和资源利用率，图书馆需要寻求新的合作模式。例如，某城市拥有五家大型图书馆，包括市立图书馆、大学图书馆、科技图书馆、儿童图书馆和社区图书馆。过去，这些图书馆各自为政，资源无法共享，服务水平参差不齐。

为了改变这一现状，这些图书馆决定利用智能服务技术开展深度合作，通过联合采购、互借互换等方式，实现了资源共享。这不仅降低了采购成本，还提高了资源利用率。通过利用大数据和人工智能技术，分析读者的借阅记录和兴趣爱好，为读者提供个性化的图书推荐服务。合作图书馆还共同开发了一款移动应用，读者可以通过手机随时随地查询各图书馆的藏书信息，还可以使用在线借阅、预约借书等便捷功能。

经过一年的合作，五家图书馆取得了显著的成效，如资源利用率提高了30%，读者满意度也得到了相应提高；通过智能推荐服务，读者的借阅量增加了50%；移动应用下载量突破了10万次，在线借阅功能使用率高达80%；图书馆员工的专业素质得到了很大提升，服务质量显著改善。

智能服务为图书馆合作提供了强大的技术支持，使得图书馆更好地满足读者的需求。在此案例中，五家图书馆通过资源共享、智能推荐服务、移动服务等措施，实现了合作模式的创新，取得了良好的效果。这种合作模式不仅提高了服务质量和资源利用率，还增强了图书馆的竞争力。

由此可见，智能服务对图书馆具有深远的影响和启示。通过引入智能服务，图书馆可以在提升服务质量、提高服务效率、优化空间利用、创新读者教育、探索合作模式及改进管理方式等方面进行改进和创新，从而更好地满足读者的阅读需求，推动图书馆事业的持续发展。

第二节 未来发展趋势

图书馆智能服务的未来发展可以从多个方面进行预测，如云计算和大数据的应用。随着云计算和大数据技术的发展，图书馆能够更好地收集、分析和利用读者数据和资源使用情况，为读者提供更精准的服务。同时，云计算可以实现图书馆资源的共享和互利共赢，提高资源利用率。人工智能技术在图书馆智能服务中发挥着越来越重要的作用。未来，图书馆能够利用人工智能技术实现自动化图书编目、借阅、管理等工作，提高服务效率，还可以帮助图书馆员工更深入地理解读者需求，为读者提供个性化服务。

随着"互联网+"的推进，图书馆能够更好地与互联网进行深度较融，实现更加广泛的资源共享和互利共赢。未来，图书馆能够通过互联网为读者提供更加便捷、快速、多样化的服务，如在线借阅、电子图书下载、远程学习等。同时，图书馆能够更好地利用互联网技术提升自身的管理和服务水平。传统的图书馆服务模式以被动为主，通常只能等待读者前来使用。而"互联网+"的模式，更加注重主动性和个性化。通过大数据和人工智能等技术，图书馆可以分析读者的阅读习惯和兴趣，主动推送相关的阅读资源和服务，提供更加个性化的阅读体验。在"互联网+"的推动下，图书馆的资源形式将不再局限于传统的纸质书籍和电子数据库。随着互联网技术的发展，图书馆将逐步整合各种数字资源，包括音频、视频、数据报告等多元化的信息资源，满足读者的多元化需求。"互联网+"的本质是跨界，可以将不同领域的资源进行整合，以实现资源的最大化利用。图书馆将积极寻找合作伙伴，包括其他图书馆、科研机构、企业等，共同开发新的服务模式，搭建新的资源共享平台。这种跨界合作将使图书馆的资源更加丰富，服务更加多元化。而且，"互联网+"强调用户的参与和共享。图书馆与"互联网+"的融合，将积极鼓励读者参与图书馆的建设和服务。例如，读者可以通过评价和反馈来影响图书馆的资源采购和服务改进，甚至可以通过众筹等方式来资助图书馆的发展。这种融合不仅可以提高图书馆的服务质量和效率，还可以扩大图书馆的影响力，彰显图书馆的社会价值。

绿色环保的发展在图书馆的发展中也具有重要地位。随着环保意识的增强，图书馆也将越来越注重绿色环保的发展。未来，图书馆将采用更加环保的材料和设备，如可再生资源、节能设备等，减少对环境的影响。同时，图书馆将通过开展环保活动、宣传环保理念等方式，增强读者的环保意识。在这个过程中，图书馆不仅扮演着提供信息和知识的角色，更成为推动绿色环保的重要力量。通过采用环保材料和设备，图书馆可以减少资源浪费和环境污染，同时向读者传递了环保意识，激发了人们的环保热情。在未来，图书馆的绿色环保发展将更加深入人心，不仅在建筑和设备上更加环保，还会在服务和管理上更加注重环保，例如，图书馆可以利用太阳能、风能等可再生能源来减少能源消耗，也可以采用智能化管理系统来提高管理效率。此外，图书馆将开展更为丰富环保活动，如植树造林、垃圾分类等，以引导读者参与环保行动。这些活动不仅有助于增强读者的环保意识，还能够促进社区的绿色发展。因此，未来的图书馆将成为推动绿色发展的重要力量。

一、技术的不断演进

图书馆智能服务技术，是随着现代信息技术的快速发展和用户需求的变化而不断发展的，已经从传统的自动化、数字化、网络化阶段，逐渐向智能化阶段演进。人工智能技术可以帮助图书馆自动化处理一些烦琐的任务，如信息检索、分类、编目等，提高图书馆的工作效率和服务质量。自然语言处理技术是人工智能的一个重要分支，能够让计算机理解和处理人类语言。在图书馆智能服务中，自然语言处理技术可以帮助图书馆自动化处理用户的问题和反馈，提高用户满意度。同时，自然语言处理技术可以用于智能问答、智能推荐等场景，提高图书馆的服务智能化程度。大数据技术可以对海量数据进行收集、存储、分析和利用，从而为图书馆提供更精准的决策支持。例如，图书馆可以通过分析用户的借阅数据和阅读习惯，了解用户的兴趣和需求，从而更好地满足用户需求。同时，大数据技术可以帮助图书馆优化资源配置，提高工作效率和服务质量。物联网技术可以通过传感器、RFID 等技术手段，将图书馆内的各种设备、资源进行互联互通，实现智能化管理和服务。例如，物联网技术可以用于智能安防、智能借阅、智能环境控制等，提高图书馆的安全性、便利性和舒适性。云计算技术可以将图书馆的资源和服务进行集中管理和优化配置，提高图书馆的资源利用率和协同管理能力。同时，云计算技术可以为图书馆提供弹性的计算和存储资源，满足用户日益多样化的需求。未来，图书馆将继续探索和应用新的智能技术，为用户提供更加智能化、个性化、高效化的服务。

二、图书馆在智能时代的角色

图书馆在智能时代扮演着多重角色。首先，智能图书馆是数字化时代的必然产物，也是学习者的福音。智能图书馆不仅为学习者提供了便利，还可以让人们充分发掘学习潜力，打破时空限制，让知识无处不在。其次，智能图书馆能够及时从网络上收集最新的学术期刊、论文、报纸等学习资源，并且能够方便地存储、分享和检索。这种数字化的信息化学习环境，使学习者得以更快、更全面地了解各种学科领域的新知识，跟上时代的发展步伐。再者，智能图书馆，能够根据不同学习者的需求和学科特点，为学习者提供特定的学习资源和服务。例如，学生可以通过智能图书馆查找各种不同水平的试题、习题等，根据自己的学习特点和需求来选择合适的学习资源。

此外，智能图书馆还提供了更为高效、便捷的借阅服务，如推荐、反馈和问答，以便学习者更快、更好地获取知识和信息。同时，智能图书馆的数据分析和反馈系统能够帮助学习者更好地了解自己的学习状态和进展，找到可能出现的问题并及时解决。智能图书馆的出现转变了图书馆员工的角色，使相关工作变得更加高效、多样化和个性化。未来，图书馆员工的角色也将不断发生变化，图书馆员工需要不断学习和提升自己的能力，以便更好地适应这个新的工作环境。

第三节 鼓励读者参与与反馈

一、读者的建议与意见

对图书馆来说，读者的反馈可以帮助图书馆了解其服务中存在的问题，进而改进和提升服务质量。例如，读者可能对图书的分类、检索系统、阅读环境等方面提出建议，这些建议都能促使图书馆做得更好。通过读者的反馈，图书馆可以知道哪些书籍更受欢迎，哪些书籍不太受关注，从而更精准地进行图书采购。此外，对于一些陈旧或已经过时的书籍，图书馆可以根据读者的反馈来决定是否进行替换或更新。图书馆积极响应读者的建议和意见时，读者会感到被尊重和被重视，从而增强与图书馆的互动和信任。这不仅可以提高读者的满意度，还可以为图书馆赢得良好的口碑。

通过读者的建议和意见，图书馆可以更好地了解读者的需求和喜好，从而提供更个性化的服务和推荐。这有助于提升读者的使用体验，使读者在图书馆中获得更多的满足。同样，读者的反馈也可以为图书馆的决策提供有价值的信息。例如，如果许多读者都对某个主题的书籍表示兴趣，那么图书馆可以考虑增加这一主题的书籍数量或举办相关的阅读活动。

通过读者的反馈和建议，图书馆可以发现并推广一些优秀的图书和资源，从而在更广泛的范围内传播知识。这有助于提高整个社区的教育水平和文化素养。当图书馆认真对待读者的建议和意见并积极改进时，读者会对其产生信任和好感。这种信任和品牌形象的提升，有助于图书馆吸引更多的读者，促进其长期发展。

因此，图书馆中读者的建议和意见具有重要的意义，可以帮助图书馆提升服务质量、完善藏书建设、加强与读者的互动、满足个性化需求、改进决策、促进知识传播以及建立信任和品牌形象。因此，图书馆应该积极倾听读者的声音，认真对待并采纳读者的建议和意见。

二、共同推动图书馆智能服务的发展

促进读者反馈和建议，共同推动图书馆智能服务的发展，需要建立一种双向沟通的机制。首先，图书馆需要设立专门的反馈渠道，让读者可以方便地提出自己的建议和意见。这个渠道可以是线上的，例如建立一个反馈邮箱或在线调查系统，也可以是线下的，例如定期的读者座谈会或问卷调查。其次，要鼓励读者参与。在图书馆的日常运营中，鼓励读者更积极地参与。比如，可以邀请读者参与图书选购、图书推荐、阅读活动策划等环节，让读者有更强的参与感和归属感。同时，图书馆可以借助人工智能等技术提供更加个性化的服务。例如，根据读者的阅读习惯和喜好，推荐相应的图书资源；根据读者的地理位置和时间，提供相应的阅读活动或服务信息。

对于读者的反馈和建议，图书馆应给予及时的回应。这不仅可以让读者感受到被重视，还可以鼓励读者更积极地参与和提供反馈。无论读者的反馈如何，图书馆都应该把它作为改进服务的契机，根据读者的反馈，不断调整和优化服务，以期更满足读者的需求和期望。

图书馆还可以与相关的机构或企业建立合作伙伴关系，共同推动智能服务的发展。这些合作伙伴可以是技术提供商、数据分析公司、教育研究机构等，提供技术支持、专业知识和研究资源。另外，对于图书馆员工和读者，相关的培训和教育也是非常重要的。这可以帮助其更好地理解和使用智能服务，从而提高服务质量。

在推动智能服务的发展时，保持公开透明性是非常重要的。这意味着图书馆应该向读者公开有关服务的数据和信息，例如服务的用户数量、使用情况、反馈情况等。这不仅可以提高读者的信任感，还可以帮助图书馆更好地了解读者的需求和反馈。为了鼓励读者更积极地参与和提供反馈，图书馆可以设立相应的奖励机制。例如，图书馆可以为提出优秀建议或意见的读者，提供一些小奖励或荣誉证书等。

最后，图书馆应该定期评估智能服务的实施效果，并根据评估结果进行必要的调整。这一举措可以帮助图书馆更好地了解读者的需求和反馈，并不断优化服务。为了确保评估结果的准确性和客观性，图书馆可以采取多种评估方法，例如通过问卷调查、访谈、数据分析等，合理收集读者的反馈和意见。此外，图书馆可以邀请专业的第三方机构进行评估，以确保评估结果的公正性和权威性。在评估过程中，图书馆应该重点关注智能服务的可用性、可靠性、安全性、隐私性等。同时，图书馆还应该关注读者的需求和反馈，例如读者对智能服务的满意度、使用频率、对服务的改进建议等。基于评估结果，图书馆应该进行必要的调整和改进。如果发现智能服务的可用性和可靠性不够高，图书馆可以采取措施提高服务的稳定性和可靠性；如果发现读者的满意度不高，图书馆可以采取措施改善服务质量，提高读者满意度。只有不断地评估和调整，图书馆才能更好地满足读者的需求和期望，为读者提供更优质的服务。

参考文献

[1] 曹超. 人工智能时代高校图书馆图情服务的转型与创新思考研究 [J]. 精品，2021（21）：155.

[2] 陈新昕. 生态图书馆的构建及智能化服务的体系管理 [J]. 环境工程，2023，41（3）：后插 52–53.

[3] 陈映雪. 智能化环境下图书馆业务与服务创新发展 [J]. 科技资讯，2023，21（20）：207–210.

[4] 崔金霞. 智能化环境下图书馆业务与服务创新发展方向探索 [J]. 畅谈，2021（13）：199–201.

[5] 董殿永. 图书盘点机器人中图书精确定位技术研究 [J]. 无线互联科技，2023，20（12）：61–65.

[6] 费晶. 数字化时代高校图书馆电子阅览室创新管理探索 [J]. 新西部，2023（5）：160–163.

[7] 高妮. 基于人工智能的图书馆服务实践应用创新与思考 [J]. 卷宗，2021，11（16）：192.

[8] 高培培. 高校图书馆信息素养短视频内容生产及运营研究 [J]. 兰台内外，2023（2）：58–60.

[9] 郭文丽. 嵌入式智慧服务视角下的多维度教学交互增强研究 [J]. 新世纪图书馆，2023（9）：55–61.

[10] 韩睿琼. 智能时代公共图书馆空间功能及服务创新的研究与思考 [J]. 科技创新导报，2022，19（4）：181–183.

[11] 李冬梅. 图书馆虚拟数字人：内涵特征、信息模型与应用场景 [J]. 新世纪图书馆，2023（7）：51–57+73.

[12] 李秀婷，陈天文. 互联网视阈下人工智能在公共图书馆阅读推广服务中的研究与创新 [J]. 内蒙古科技与经济，2021（2）：90-91.

[13] 李萦萦. 大数据与人工智能背景下地市级图书馆管理与服务创新模式研究 [J]. 数字化用户，2023，29（16）：16-18.

[14] 李颖婷. 生成式人工智能给图书馆带来的机遇、挑战及应对策略 [J]. 图书与情报，2023（2）：42-48.

[15] 李宇，鲁超，马波. 创新驱动背景下人工智能在图书馆的应用研究与展望 [J]. 图书馆理论与实践，2022（3）：64-71.

[16] 李雨霏，王媛媛. 高质量发展背景下医院图书馆智慧化转型探究 [J]. 河北北方学院学报（社会科学版），2023，39（2）：90-92.

[17] 陆和建，莫思佳. PPP 模式下我国公共图书馆服务创新的若干思考 [J]. 大学图书情报学刊，2023，41（1）：88-93.

[18] 陆康，刘慧，任贝贝. 人工智能重塑图书馆创新研究：基于《人工智能创新发展道德伦理宣言》视角 [J]. 图书馆理论与实践，2022（6）：108-114.

[19] 满宗萍. 基于智能机器人的图书馆智慧服务优化研究 [J]. 河南图书馆学刊，2023，43（9）：117-119.

[20] 任丹凤. 高校图书馆服务能力优化与提升：以曲阜师范大学图书馆为例 [J]. 办公室业务，2023（5）：163-165.

[21] 申峰. 智慧社会高校图书馆员的角色定位与职业能力研究 [J]. 科教导刊（电子版），2023（19）：281-283.

[22] 苏杰初. 数智时代图书馆数据治理伦理机制及其优化路径研究 [J]. 图书馆，2023（10）：62-68，90.

[23] 汤峻. 智能化环境下图书馆业务与服务创新发展 [J]. 计算机产品与流通，2022（2）：150-152.

[24] 汪蓄，高松. 智能化环境下图书馆业务与服务创新发展：以天津海运职业学院图书馆为例 [J]. 天津职业院校联合学报，2022，24（12）：111-117.

[25] 王利蕊. 数智时代高校图书馆智能空间构建的理论依据、方法和服务策略研究 [J]. 图书馆，2023（7）: 24-30.

[26] 文晓琴. 大数据、人工智能新技术背景下图书馆知识服务创新 [J]. 科技传播，2021（11）: 136-138.

[27] 吴若航，茆意宏. ChatGPT 热潮下的图书馆服务: 理念、机遇与破局 [J]. 图书与情报，2023（2）: 34-41.

[28] 徐培德. 智能生态系统中图书馆赋能与馆员服务创新研究 [J]. 兰台内外，2021（20）: 51-53.

[29] 徐志艳. AI 背景下的高校图书馆数字资源智慧服务探究 [J]. 江苏科技信息，2023，40（16）: 33-37.

[30] 杨小青. "智能 +" 时代高校智慧图书馆用户服务体系创新研究 [J]. 价值工程，2021，40（28）: 161-163.

[31] 杨扬，郑玄. 机器人技术与图书馆服务创新的融合研究: 进展、问题和前景 [J]. 国家图书馆学刊，2021，30（6）: 78-87.

[32] 曾小英. 人工智能视域下的高职院校智慧图书馆学科服务创新研究 [J]. 广东职业技术教育与研究，2022（4）: 113-115+124.

[33] 张艳，任涛. 大数据和人工智能背景下图书馆知识管理与服务创新 [J]. 山西青年，2022（18）: 169-171.

[34] 周杰. 新基建背景下 Eddystone 智慧图书馆位置服务研究 [J]. 新世纪图书馆，2023（1）: 44-49.

[35] 周莹雪，仇之聪. 公共图书馆线上阅读推广服务创新探析: 以金陵图书馆 "星火" 系列主题新媒体专栏为例 [J]. 河南图书馆学刊,2023,43（5）: 10-12.

[36] 朱东亮. 人工智能时代图书馆图情服务的转型与创新研究 [J]. 江苏科技信息，2023，40（20）: 62-64+68.